中国概况课程教学设计

万　群　冯宇冰　李　超　著

吉林大学出版社

·长春·

图书在版编目（CIP）数据

中国概况课程教学设计 / 万群，冯宇冰，李超著.—
长春 ：吉林大学出版社，2023.3
ISBN 978-7-5768-1493-4

Ⅰ．①中… Ⅱ．①万… ②冯… ③李… Ⅲ．①中国－
概况－对外汉语教学－课堂教学－教案（教育）Ⅳ.
① H195.3

中国国家版本馆 CIP 数据核字（2023）第 042955 号

书　　　名：中国概况课程教学设计
　　　　　　ZHONGGUO GAIKUANG KECHENG JIAOXUE SHEJI

作　　者：万　群　冯宇冰　李　超
策划编辑：邵宇彤
责任编辑：张　驰
责任校对：田　娜
装帧设计：优盛文化
出版发行：吉林大学出版社
社　　址：长春市人民大街 4059 号
邮政编码：130021
发行电话：0431-89580028/29/21
网　　址：http://www.jlup.com.cn
电子邮箱：jldxcbs@sina.com
印　　刷：三河市华晨印务有限公司
成品尺寸：170mm×240mm　　　16 开
印　　张：9
字　　数：135 千字
版　　次：2023 年 3 月第 1 版
印　　次：2023 年 3 月第 1 次
书　　号：ISBN 978-7-5768-1493-4
定　　价：58.00 元

前　言

　　"中国概况"是一门所有来华留学生的必修课，是他们认识中国、读懂中国的第一步，也是教会他们讲好中国故事的前提。我们将生活视为故事的源泉，而留学生是传播中国价值观、讲好中国故事的重要群体，所以，如何让其跳出书本，在有限的课堂空间范围内感知生活化的中国，让中国文化可以被触摸，是"中国概况"课堂上需要解决的问题。

　　本书不是针对教材进行查漏补缺，而是直面一线教学，解决教学过程中的实际问题，提供丰富且适用性强的教学案例，集中解决课堂枯燥和课程内容"面面俱到、无从选择"的问题，提供"三驾马车"供大家参考：第一，每一章的教学案例均来自教学一线，内容丰富，且这些案例皆由不同的教师编写，供读者各取所需；第二，本书适用对象包括亚洲、欧洲、非洲、南美洲、北美洲三十二个国家的留学生，可谓非常广泛；第三，本书坚持立足四川、放眼全国的原则，既充分挖掘城市资源，力求打造以巴蜀文化和天府文化为中心的、具有地方特色的课程，又融入了如"月球上亮出五星红旗""中国黑科技测量珠穆朗玛峰新高度"等与时俱进的当代中国特色案例，紧密结合教学实际，运用鲜活的教学案例，做到创新且不失传统。这"三驾马车"

可以给授课教师提供丰富的教学资源、创新的教学方法、有针对性的教学内容，助力各位教师成功讲授"中国概况"这门课程。

本书以中国国情知识为载体，展示真实的中国形象，能很好地提升留学生对中国文化的认同感，使留学生能更顺畅地理解和接受中国文化的内涵，从而培养亲华、友华，有较强跨文化适应能力的留学生。

目　录

第一章　中国的行政区划

一、教学主题

本章以中国的行政区划为主题，包括中国的国情简介及中国的行政区域规划两个方面，主要涉及向学生讲解中国的国旗、国徽、国歌、行政区域规划等，是学习后续课程的基础。本章整体以讲授式授课为主，结合谈话式、讨论式教学方法，旨在让学生了解中国的区域划分原则与现状，通过讲述国旗、国徽、国歌背后的故事，增强学生对中国的认同感，同时夯实学生对中国国情概况的认知基础。

二、内容分析

本章教学内容主要分为两个板块，第一个板块的内容介绍中国的国旗、国徽与国歌。中国的国旗、国徽与国歌是中国形象的"符号化"表征，是学生了解中国、感知中国的第一步，而国旗、国徽与国歌的含义及背后的故事，可以帮助学生更好地认知中国。教师通过与学生在课堂中互动分享的方式，以中国的"符号化"表征作为"中国概况"课程的开端，可以更好地帮助学生构建心目中的"中国"形象，从而使其对中国的历史、文化等产生认同感。第二个板块则以现行行政区划为主题，主要内容包括三级行政区划、34个省级行政区的名称和行政中心以及其分布等。该板块内容具有单一、枯燥的特点，但通过课程活动的强化，可以帮助学生构建中国主要城市区域划分的基本概念，这也是学生在中国学习、生活的必备知识。

三、学情分析

该课程的授课对象为中国－东盟艺术学院本科大二学生，共28人，国籍包括老挝、越南、马来西亚、泰国、印度尼西亚、俄罗斯、肯尼亚，其中汉语水平在 HSK1 ~ 3 级的学生 10 人，HSK4 级的学生 15 人，HSK5 级及以上的学生 3 人。该班学生目前已在中国 - 东盟艺术学院学习汉语课程约 1 年时间，其中 7 人有来华经历，其余学生均因新冠肺炎疫情原因暂未能来华学习，对中国的了解主要来自社交媒体及周边华人，对中国并无系统全面的了解与认知。根据课前调查，学生对本门课程都抱有极大兴趣，希望能够通过该课程了解中国，学习中国文化。本章作为中国概况课程教材的第一章，旨在激发学生的学习兴趣，帮助学生搭建对中国国情学习的基本框架，从而引导学生在兴趣中感知中国、了解中国。

四、教学目标

（1）了解中国的国旗、国徽、国歌。

（2）了解中国的行政区域划分。

（3）掌握中国省、自治区、直辖市、市的区别。

五、教学重难点

教学重点：了解中国的国旗、国徽、国歌。

教学难点：掌握中国省、自治区、直辖市、市的区别。

六、教学设计

有关"中国的行政区划"教学设计，如表 1-1 所示。

表1-1 "中国的行政区划"教学设计

教学流程		教学内容	课堂活动	教学目的
课程导入		教师展示多个国家的国旗(可选择一些颜色或图案相近的国旗),请学生分辨这些国旗分别属于哪个国家(内含学生所属国家的国旗)	请学生找出自己国家的国旗,并讲述国旗的颜色是否有特别的含义	1.学生分辨相似的国旗,激发学生的学习兴趣 2.学生在分享自己国家国旗的含义时,可以与自身的知识结构建立联系,很好地拉近教师与学生之间的距离,引发共鸣,并为下一步引出中国国旗的含义做准备
课程新授	展示中国的国旗、国徽	1.教师展示中国的国旗 2.播放视频《月球上亮出五星红旗》 3.教师展示中国的国徽 4.通过展示中国-东盟艺术学院外籍教授荣获中国政府"友谊奖",受邀在天安门参加中华人民共和国成立70周年庆典的照片,关联国徽中的天安门这一元素	1.学生讨论中国国旗的颜色有什么特别的含义 2.学生通过观看视频再次认知中国的国旗,并了解视频中这一特殊国旗背后所蕴含的中国"制造"的含义 3.引导学生猜测中国国徽中各元素的含义 4.将所学知识与身边的教师联系起来,理解感受中国符号——国徽与天安门对中国人民的重要性	1.以学生讨论的形式,充分发挥学生的主观能动性,实现教师与学生的双向互动,并体现课堂中学生的主体性。同时,通过讨论,可以加深学生对中国国旗含义的认知,从而使学生更深刻地感受国旗背后所蕴含的中华民族精神 2.根据课程前期调研,学生更希望能够了解今日的中国。以视频《月球上亮出五星红旗》作为课堂素材,拓展中国国旗的含义,既可以激发学生的课堂兴趣,同时又可以向学生展示当代中国的科技发展情况,体现中国"制造"的力量 3.以学院外籍教师为案例来说明国徽和天安门的含义,通过身边人的案例,可以更好地引发学生与知识点之间的共鸣,从而达到认同
	展示讲解中国国歌	1.教师播放中国选手杨倩摘得东京奥运会首金的视频,由此引出中国国歌 2.讲述中国国歌的故事	学生针对音乐本身,讨论自己听到国歌后的感受(着眼于旋律和音乐对自己的影响)	通过该视频展示中国国歌,既能引导学生感受国歌响起时的氛围,向学生展示中国力量,同时配以国旗升起的画面,还可以加深学生对上一知识点的认知

续　表

教学流程		教学内容	课堂活动	教学目的
课程新授	讲解中国的行政区划	1.播放《中国地理之歌》,引入中国的行政区划 2.引导学生填写一张寄往中国的快递单,加深学生对中国行政区划的理解	1.欣赏视频,并初步了解中国的行政区划原则及现状 2.填写快递单,加深学生对行政区划的理解	1.以旋律欢快的歌曲展示枯燥的行政区域划分,提升学生的学习兴趣,加深学生对内容的理解和把握 2.以填写快递单的实践活动形式,帮助学生在实际操作中理解中国的行政区划,同时也可以帮助学生掌握在中国生活、学习的必备技能
	讲解中国的直辖市	1.通过图片展示不同直辖市的特色,让学生猜测分别是哪个城市 2.播放重庆宣传片,着重讲解重庆	1.学生观看视频,通过视频中的建筑或其他特色,猜测是中国的哪个城市 2.欣赏中国重庆的相关视频,了解重庆的美食与城市特色	通过对比重庆市与四川省、重庆市与成都市,加深学生对中国直辖市的理解
课后作业		教师布置课后作业:观看北京、上海等地的视频,了解中国的城市	学生通过观看视频完成作业	学生对中国的直辖市北京、上海等兴趣浓厚,虽然有一定的了解但是并不全面,通过观看视频的形式,可以加深学生对中国国家中心城市的认知

七、PPT 设计展示

中国概况
CHINA PROFILE

　　34 个省级行政区包括 23 个省、5 个自治区、4 个直辖市和 2 个特别行政区。
　　根据历史和习惯,各省级行政区都有简称。省级人民政府所在地是省会,中央人民政府所在地是首都,中国的首都是北京。

八、教学资源

本门课程所用资源主要为自编讲义，内容涵盖了中国的艺术、经济、历史、文化等多个领域。课程中所涉及的国旗、国徽等相关内容均遵从《中华人民共和国国旗法》《中华人民共和国国徽法》。国旗、国徽图片均从中国政府网下载。部分教学视频来源于网络，视频链接如下。

1. 月球上亮出五星红旗

https://v.douyin.com/LdRscPA/

2. 中国选手杨倩东京奥运会摘得首金

https://pan.baidu.com/s/1C-68QeXSJ1DlGUkvaioYUQ

提取码：srkv

3. 中国地理之歌

https://haokan.baidu.com/v?pd=wisenatural&vid=3540990138837239927

4. 重庆宣传片

https://pan.baidu.com/s/1XfDTMh79MDdt_snWd7vsKg

提取码：cfsb

九、教学感悟

（1）学生希望在课堂上能够双向交流，渴望自己以及自己的国家受到尊重及关注。学生非常喜欢分享自己国家的特色，教师如果在课堂上善于运用类比思维，调动学生联想自身生活经验，并将生活经验与课堂知识点中的中国文化背景相关联，就可以让师生之间相互了解，同时也能够更好地调动学生的学习积极性。

（2）因为部分有来华留学经历的学生了解中国的一些城市，所以在讲解中国的行政区划时能够与老师进行较好的互动，并引发其他学生的学习兴趣。大部分学生对中国直辖市的发展表现出了浓厚的兴趣，虽然对北京、上海等具有代表性的城市有一些了解，但是希望能够更深入地了解当下的中国。

第二章　中国的地理

一、教学主题

本章以中国的地理为主题，主要包括中国自然地理和人文地理两大板块，是前一章内容的延续。本章中的自然地理板块，概述了中国的疆域、位置、地形等特点，而在人文地理板块，则对中国不同区域的经济、文化、美食等做了对比分析，探究其差异背后的地理文化原因。本章主要采用讲授法、讨论法、欣赏法等教学方式，以任务化教学设计，激发学生自主学习探究的兴趣。通过学习本章内容，学生可以对中国的自然地理和人文地理有一个较为客观的认识与了解。

二、内容分析

本章内容以上一章"中国的行政区划"中所提及的城市，导入中国的地域全貌，在自然地理板块中囊括中国的地理区位、疆土面积、海陆邻国、地势特点等内容，而人文地理则着重通过任务型探究，引导学生思考因自然地理差异而造成的人文地理发展差异及其背后的原因，加深学生对中国地理区域化差别的理解，从地理的视角感知中国的大国形象，帮助留学生走近中国，进一步了解今日的中国。

三、学情分析

班级中部分学生有来华经历，曾到过中国的北京、上海、昆明等城市，但从未到过四川省，故在这节课中，既要为学生从宏观上构建中国的地区空间位置概念，又要融入中国－东盟艺术学院所位于的四川省的相关地理地貌与人文知识，旨在让学生了解中国的同时，了解四川、了解成都。

四、教学目标

（1）了解中国地理的主要结构。

（2）了解中国是一个地大物博的国家以及中国的地理差异。

五、教学重难点

教学重点：了解中国地理的主要结构，认知中国地域的广阔性。

教学难点：通过对比，充分了解中国地理的差异化，以及由此带来的文化、经济、民族等各方面的差异。

六、教学设计

有关"中国的地理"教学设计，如表 2-1 所示。

表 2-1　"中国的地理"教学设计

教学流程		教学内容	课堂活动	教学目的
课程导入		1. 教师展示两张图片，并以心理测试的形式提问：你有最想去的中国城市吗？我们来做一个简单的心理测试，测一测属于你的城市是哪一个 2. 教师公布心理测试结果，引出中国-东盟艺术学院所在城市——成都	1. 学生根据图片选出自己最想去的中国城市 2. 学生跟随教师了解成都地理区位、人文特色	通过中国的城市复习巩固中国的行政区划，并以成都的地理景观为代表，由微观到宏观，引出中国的地理人文，帮助学生了解中国，感受成都
课程新授	展示中国地图，并简要介绍中国的地理概况	1. 教师以图文并茂的形式讲解中国的地理概况及三大天然屏障：青藏高原、戈壁滩和太平洋 2. 由天然屏障中的青藏高原引入知识点：世界最高峰——珠穆朗玛峰，并播放相关视频，帮助学生了解珠穆朗玛峰及测量其高度背后的中国"黑科技"	1. 学生讨论：中国的天然屏障的利与弊 2. 学生掌握世界最高峰的高度（8848.86米），并了解测量其高度背后的中国科技发展，如全球海拔最高的5G基站等知识	1. 以讨论的方式，加深学生对中国地理概况及其特点的理解与认知 2. 通过学习与珠穆朗玛峰相关的知识点，了解当代中国的科技发展情况，展现大国实力
	展示中国地理的四大极点，并对比四大极点的风土人情	1. 教师通过PPT及图片，展示中国地理的四大极点，并重点对比强调这几个地方在风土人情上的差距 2. 教师播放云南傣族的歌曲，并引导学生理解中国南方的地理与东南亚国家的相似之处	1. 学生讨论四大极点与自己国家气候的相似之处 2. 因班上大部分学生都来自东南亚国家，故请学生讨论对比傣族语言、歌曲、文化与东南亚国家的相似之处	通过了解中国地理的四大极点，引导中国地域广阔、地大物博、多民族等特点，了解中国地域的复杂性
	介绍中国南北差异、东西差异	1. 教师引导学生思考自己国家的南北差异、东西差异 2. 教师播放中国南北差异的视频，通过南北地理差异引出各地的人文差异	1. 学生思考讨论自己国家是否有南北文化、气候、地理地貌等差异 2. 学生听教师讲解中国的南北、东西差异，了解中国地域所致的人文差异	引导学生使用类比思维的方式，由自己的国家南北差异（已知）来探索中国的南北差异（未知），从而加深对中国地域差异特点的印象

续 表

教学流程		教学内容	课堂活动	教学目的
课程 新授	深入探究中国地理环境带来的区域经济文化差异	1. 教师展示中国区域经济 GDP 地图图片，对应中国的地理环境三大阶梯，分析中国的区域经济文化差异 2. 教师播放修建川藏铁路的视频，引导学生思考中国政府是如何支持经济较不发达的西部地区发展的	1. 学生通过讨论的形式，自主探讨地理与经济发展之间的关系 2. 学生讨论修建川藏铁路可以对西部经济较不发达地区的发展带来哪些影响	1. 通过帮助学生将地貌差异与经济发展之间的关系联系起来，促使学生由表及里，更深入地了解当代中国经济发展样态 2. 以川藏铁路的修建来为国际学生展示中国政府对西部经济的发展所付出的努力，向国际学生展现中国力量
	成渝经济圈发展及其文化背景	1. 教师由经济发展引出成渝经济圈，并引导学生了解成渝经济发展，深入挖掘其地理背后的民族文化特征——地理环境丰富，带来了民族的丰富性（56 个民族），语言的丰富性以及文化的丰富 2. 教师向学生展示与民族、文化相关的视频	1. 学生跟随教师深入思考并交流成渝经济圈的发展及其文化背景 2. 观摩视频	1. 由宏观到微观的全国地理地貌与经济发展至微观的四川地理地貌与经济文化发展，帮助学生更好地理解本课重难点 2. 通过藏族少年丁真的视频，向国际学生展示中国充分尊重民族及文化的丰富性，并引学生深入了解各民族幸福的生活状态
	课后作业	教师提问：在了解了中国的地理地貌后，如果要在中国选择一个地方去旅游，你想去哪里？ 为什么 请拍摄一个 1 分钟的 vlog 介绍你最想去的中国城市 要求（可从以下几方面来说）：介绍这个城市位于中国的什么地理位置。 它的经济发展怎么样？有什么样的民族文化与特色？你为什么想去这个城市	学生之间通过交流互动的形式，讲述自己最想去的城市	通过自主查阅资料的方法，帮助学生巩固课堂所学知识点，拓宽知识面

七、PPT 设计展示

八、教学资源

本章所用教学资源主要来自优酷视频、抖音视频、中华人民共和国自然资源部官方网站。教学视频链接如下。

1. 珠穆朗玛峰新高度

https://v.douyin.com/LdFBghL/

2. 中国的南北差异

https://v.youku.com/v_show/id_XNTE0MTQ3ODg2NA==.html

3. 川藏铁路

https://v.douyin.com/LdF5xuk/

4. 丁真的世界

https://v.douyin.com/LdFwaTD/

九、教学感悟

（1）通过课堂中的案例分享，教师发现学生更关注当代中国的发展，对当代的中国十分感兴趣，教师可适当将知识点与当代中国发展相关联，激发学生的学习兴趣。

（2）学生对课后作业"拍摄一个1分钟的vlog，介绍自己最想去的中国城市"反馈良好，不少学生充分运用视频剪辑软件，将其查阅的与该城市相关的旅游、文化等方面的视频、图片信息进行了编辑，并结合自己的语言描述，表达了对中国的热爱与向往之情。

第三章　中国的传统节日

一、教学主题

本章以中国的传统节日为主题，通过沉浸式活动的形式，为学生营造真实的与中国传统节日有关的环境，向学生讲述极具中国文化特色的故事，并帮助学生高度参与互动，加深其对中国传统文化的理解和认知。

二、内容分析

本章内容主要以中国的三个传统节日的习俗为代表，引导学生在沉浸式活动中，体验中国传统文化，加深对中国传统节日的理解。通过活动的形式，将春节、七夕节和中秋节用任务线索串联起来，以更换中国传统服装、讲述中国传统节日故事等形式，为学生营造浓厚的节日氛围，帮助其更好地融入节日场景，体验中国传统节日习俗。

三、学情分析

通过课前调查，教师发现约有一半的学生不太了解中国的传统节日，但也有一部分学生对中国传统节日里的春节、端午节、清明节等有一些基本了解，学生学情差异较大。采用实践活动的形式来讲解本章内容，既可以帮助学生加深对中国传统节日的理解，又可以激发学生的学习兴趣。

四、教学目标

（1）了解中国的主要传统节日。

（2）通过沉浸式活动的实践方式，引导学生深入体验以春节、七夕节、中秋节为代表的中国传统节日。

五、教学重难点

教学重点：结合传统节日的内容进行讲解，使学生充分了解中国传统节日文化和习俗，更好地融入中国文化。

教学难点：教师需灵活把握课程的实践体验环节，确保学生能够融入教学活动，收获沉浸式的学习体验。

六、教学设计

有关"中国的传统节日"教学设计，如表 3-1 所示。

表 3-1 "中国的传统节日"教学设计

教学流程		教学内容	课堂活动	教学目的
课程导入		由教师扮演 NPC（非玩家角色），将学生分组后带领至"时光隧道"，并宣读剧本背景：相传，嫦娥偷吃了丈夫后羿从王母那儿讨来的不死之药后，飞到月宫，但是她却十分寂寞。后来，嫦娥向丈夫倾诉说："明天乃月圆之候，你用面粉作丸，团团如圆月形状，放在屋子的西北方向，然后再连续呼唤我的名字。三更时分，我就可以回家来了。"第二天，后羿照妻子的吩咐去做，嫦娥果然从月宫飞来，夫妻团圆。中秋节做月饼供奉嫦娥的风俗，便由此形成距离中秋节还剩一晚的时间，后羿特此寻求各位玩家的帮助，寻找消失的嫦娥。所有线索就藏在"时光隧道"的某处，各位玩家赶紧去获取线索吧	学生更换中国传统服装后，跟随教师，进入"时光隧道"	通过更换服装、跟随 NPC 等方式，引导学生跟随教师进入情境
课程新授	引出任务线索	由教师扮演 NPC 后羿，与学生对话，宣布活动任务——帮助后羿寻找消失的嫦娥	引导员引导学生与后羿对话，并获得任务卡	以中秋节为线索，串联多个传统节日，丰富学生体验

续 表

教学流程		教学内容	课堂活动	教学目的
课程新授	春节	1. 由教师扮演 NPC 财神及春节人物，引导学生完成春节任务：写春联、挂灯笼后收到口令红包，召唤财神，获得寻找嫦娥的线索 2. NPC 财神提供嫦娥线索一，并引导学生前往下一场景	1. 引导员引导学生向 NPC 提问：请问你有见到嫦娥吗 2. 学生完成写春联、挂灯笼任务 3. 学生和 NPC 财神对话，获得嫦娥线索一	1. 从环境布置等方面营造春节的欢乐氛围，增强学生的体验感 2. 通过动手实操（如写春联、挂灯笼等），加深学生对中国传统节日的理解
课程新授	七夕节	1. 教师扮演的 NPC 牛郎、织女进行对话，引导学生完成问答，帮助他们搭建鹊桥 2. 教师扮演的 NPC 喜鹊播放 PPT（与七夕相关的知识问答），请学生回答问题，答对的学生将获得一只"喜鹊"，集齐则完成搭建鹊桥任务，获得嫦娥线索二	在引导员的帮助下学生回答问题，获得"喜鹊"，搭建鹊桥，收获嫦娥线索二	通过七夕场景的体验及问答互动，帮助学生加深对中国传统节日——七夕节及其背后故事的理解
	中秋节	1. 由教师扮演 NPC 李白与杜甫，演绎二人月下对诗的场景，并邀请学生参与中秋诗会 2. 由教师扮演 NPC 假嫦娥，指导学生完成寻找嫦娥任务——制作冰皮月饼 3. 由教师扮演 NPC 真正的嫦娥，以舞蹈的形式出场，并请学生完成玉兔灯的制作，向后羿转达思念	1. 学生完成中秋月下诗会的任务 2. 学生完成制作冰皮月饼的任务 3. 学生完成制作玉兔灯的任务	1. 由教师扮演 NPC，增强课堂的趣味性 2. 通过丰富的实践活动，如制作冰皮月饼、玉兔灯等，加深学生的节日体验感，营造浓厚的节日氛围
完成任务，结束体验		后羿出场，询问嫦娥的下落	学生寻找后羿并转达嫦娥对后羿的思念	引导学生体验中国传统文化中蕴藏的极为重要的"团圆"的含义

七、PPT 设计展示

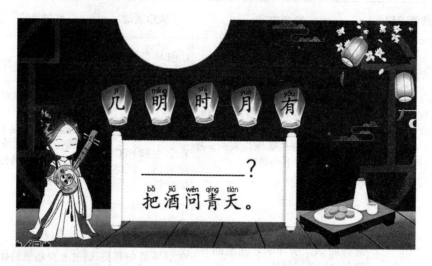

八、教学资源

本章教学资源为中国－东盟艺术学院国际部"中国概况"课题组课堂实录视频，供教学档案保存和非营利性课程使用。

九、教学感悟

学生渴望感知更多的中国文化，但传统课堂一般情况下很难为学生解读节日习俗背后所蕴藏的中华民族特有的文化理念——团圆。通过活动的形式，学生可以深入体验"团圆"对中国人的重要意义。打造"中国传统节日"的活动型课堂，打破传统的教学模式，对教师来说是一种全新的挑战，无论教师还是学生，都会有更多的收获。

第四章　中国的历史

一、教学主题

本章的主题是中国历史，教师通过讲授、谈话、演示等教学手段让学生了解和学习中国重要的历史节点和中国特色价值观的形成缘由。通过学习本章内容，学生可以了解中国不同时代的社会人文特点、经济发展成就和基本价值观。打好文化基础，对学生深度理解中国历史观，乃至社会主义核心价值观具有重要作用。

二、内容分析

中国是一个有着五千年历史的文明古国，因而中国史脉络复杂，知识点众多，一直是中国文化课程对外教学中的难点。本课另辟蹊径，并不是以历史时间线为基本脉络，而是以三个具有代表性的阶段：唐宋时期、近代中国、现代中国为主要知识板块进行讲授。本课以点带面，切合学生的实际语言水平，引导学生进行任务型探究，为学生生动地呈现立体的中国历史发展脉络，进而激发学生自主探索中国历史文化的兴趣。

三、学情分析

学生对学习中国历史文化知识充满极大热情，然而由于前期缺乏系统性的学习，其对中国历史的理解往往高度碎片化，并对中国特色价值观有一些错误的认识，故本课让学生在学习中国历史的同时，改变其对中国价值观的认识。

四、教学目标

（1）了解唐宋鼎盛时期商贸繁盛的历史成就以及当时的人文风情。

（2）认识中国近代曲折发展的原因。

（3）感受中国发展的速度。

（4）掌握正确的中国历史观，促进学生对中国文化的了解。

五、教学重难点

教学重点：认识中国三个重要的历史节点，即唐宋时期、近代中国、现代中国。

教学难点：

（1）由于学生自身的文化差距等因素，学生对中国的价值观的理解有一定难度。

（2）由于不同国家国情不同，政治体制存在一定差距，因此学生理解我国政府在大事件上的举措也有一定难度。

六、教学设计

有关"中国的历史"的教学设计，如表 4-1 所示。

表4-1　"中国的历史"教学设计

教学流程		教学内容	课堂活动	教学目的
课程导入		1. 师生同候 2. 以一系列拼图（从炎黄时代到现代）为引，教师提出中国历史长度的问题 3. 教师展示一些关于中国历史的图片（可以选择与历史名著以及重大历史事件相关的）	1. 请学生猜一猜，中国从有历史文献记载，到现在有一共有多少年（5000年） 2. 请学生分组讨论，猜测这些历史图片中的事件发生的时间	通过导入环节展示中国历史文化的风貌，拉近教师和学生的距离，使学生对中国漫长的历史有一个基础了解，为课堂主要活动和内容做好铺垫
		教师展示电视剧《长安十二时辰》片段	请学生分组讨论后总结视频中出现的文化特点（教师可引导学生回答，如穿衣特色、节日庆典、人口繁多、有外国人口等）	
课程新授	介绍唐朝的部分历史	教师用数据来说明唐朝在801年的人口和德国人口大致相同，如2022年人口数量达6000万左右，德国2020年的德国人口约8000万。另外再展示一些人口数相近的地区和国家	请学生将唐朝和德国的数据进行对比，然后教师给出的地区或国家名称，如四川省（8300万左右）、菲律宾（1亿左右）、越南（9900万左右）、泰国（6700万左右）等，让学生对人口数据有一个初步认识	1. 以视频学生认识到唐朝国力空前强盛，社会经济空前繁荣，使得当时中国成为世界的中心 2. 以熟悉的形式让学生直观地感受这些国别比的巨大人口规模，如果学生感受这些数据，则需要调整更换这些国家和地区
		教师用饼状图图展示唐末时期GDP占世界的22%。其余数据有古印度（28%）、西欧（9%）、拉丁美洲（4%）、其他（37%）	1. 询问同学生是否了解图中其他地区和国家的历史，并让学生对数据进行排序 2. 学生4～5人为一组，在各小组内做名称和数据标注，之后展示出正确的地图，让学生了解唐朝同时期世界不同文明的地位和地理位置	3. 通过地图让学生熟悉中国在文明史上的重要位置，同时强化中心的概念，为唐朝下一部分展示唐朝海外交流地图做好铺垫
		教师展示唐朝海外交流地图	1. 教师提问同学生：在图中是否能找到自己的国家，教师根据提供的地图，讨论唐朝和自己国家有通商往来，并数出有数量 2. 请学生根据标注有通商往来往来，感受唐朝对外贸易的繁盛	4. 通过地图继续强化学生记忆，引导学生自主思考感悟唐朝的开放国策和频繁的对外贸易交流

续表

教学流程	教学内容	课堂活动	教学目的
课程新授 进一步介绍唐朝的文化	教师用图片展示唐朝的娱乐文化:爱情自由、夜市,丰富的饮食	教师引导学生进行总结:唐朝生活和现代人们的生活有相近之处,具备开放、前卫的饮食特点	1. 唐朝的文化内容繁多,选择其中的两个进行教学,让学生欣赏唐朝建筑形式之美,对比两种建筑形式的差异,以及感受中国政府致力保护物质文化遗产的决心 2. 通过视频来理解这两个价值观念
	教师播放视频,展示长安108坊古今的对比	教师提问:唐朝时期的建筑和中国现代建筑有什么差异(古建筑构成材料为木头,一般考虑建筑园林景观,现代建筑一般考虑节省土地空间等)	
唐朝盛行的游戏	1. 教师播放视频《蹴鞠》 2. 教师简单介绍"蹴鞠"这一活动的规则 3. 教师引导学生尝试"蹴鞠"这一活动	1. 教师提问:这项运动和现在的什么运动类似?基本规则和足球有什么不同(球门悬空、球不落地) 2. 教师选部分学生尝试体验踢球,继续踢球,让学生实际感受蹴鞠这一项传统运动	1. 让学生大胆表述自己的看法,并对唐朝的文化有一个深刻印象,活跃课堂气氛 2. 让学生通过交流来了解唐朝的生活情趣,并认识到竞技运动只存在于运动领域
	教师介绍"斗茶"文化	1. 教师和学生讨论:我们刚才观看了蹴鞠比赛的视频,那么喝茶也能比赛吗 2. 教师引导学生理解唐朝茶文化和现代茶文化的区别	

续 表

教学流程	教学内容	课堂活动	教学目的
唐朝和宋朝的对比	教师用PPT展示唐宋人口以及商业基础数据对比。如人口从8000万提升到到1.2亿，长安城市数量从140个变成440个等	1.让学生分组做表格，计算宋朝相对于唐朝基础数据的增长比例 2.教师讲述宋朝的科技水平和土地利用率用远高于唐朝，从唐朝到宋朝经历了以农业为主到以工商业为主经济结构的转变	通过学生自己做的数据表格，直观清晰地展现出宋朝是一个比唐朝商业更发达的朝代，为后面讲授宋朝的商业特点做铺垫
课程新授 — 宋朝的商业特点	1.教师展示视频《清明上河图》动画版视频 2.教师展示图片：餐饮界流传的小册子、外卖服务的兴起、物流共享、快递的出现、零售便利店、经济、纸币	师生互动： 1.同学们在图中能找到什么 2.如果你到了一个地方不知道吃什么，你会怎么办 3.如果自己不想做饭，你会怎么办 4.如果你有个东西要送给朋友，但是他住在另外一个城市，你会怎么办 5.市场那么大，如果你想买东西但又不想走很多路，你会怎么办呢 6.请同学们猜猜，世界上第一张纸币出现在哪里呢 教师解释：第一张纸币属于金属币出现在四川，叫"交子"，纸币便于携带和交易	1.通过观看视频和师生互动的形式，使学生了解宋朝的商业风貌，让学生和极模式体会"穿越"的感觉，激发学习兴趣 2.通过师生互动前的商业模式，让学生体会宋朝超前的经济水平。让学生有高时"时空"的感觉，激发学习兴趣

续　表

教学流程		教学内容	课堂活动	教学目的
课程新授	近代中国	1. 展示近代历史"闭关锁国"图片 2. 教师简要介绍"闭关锁国"的原因和影响	1. 教师展示"闭关锁国"相关的历史图片，让学生了解中国近代的时间区间 2. 教师展示类比问题：你觉得以下哪种发展方式更好呢 A. 对外开放，和外国互相通商，学习外国先进的管理方法和技术，派学生出国深造 B. 关上国门，一切经济自给自足，不允许和别国通商 学生分组讨论后阐述观点，并通过自己代入，自发思考"闭关锁国"的后续影响 3. 教师简要介绍"闭关锁国"的历史原因和影响	用选择题激起学生的思考，让学生主动通过类比的方式直观地了解"闭关锁国"的概念
	改革开放	1. 教师展示深圳改革开放前后对比图片 2. 教师简要介绍改革开放的历史原因和影响 3. 教师展示中国经济飞速攀升曲线视频，寻找中国经济加速发展的时间点	1. 教师让学生猜测改革开放前后两张图片的时间相差多少年，使学生了解改革开放距今已 40 多年 2. 教师在播放各国视频的同时请学生寻找中国经济体量或者经济大国的时间，超越欧盟各国和日本等经济大国，让中国开始加速发展，并询问学生中国发展的关键时间节点有一个基础概念	用图片对比和视频互动的形式，使学生自发思考并与价值观要点。任何一个民族和国家，都要学习其他民族和国家先进的科学技术。通过观看视频，学习其他民族和国家先进的科学技术。学生还可以直观感受中国经济在改革开放以后的腾飞力度
	汶川大地震	1. 教师展示 2008 年北京奥运会图片 2. 教师展示视频：汶川大地震催人泪下的瞬间 3. 教师引入汶川大地震的介绍	1. 请学生分辨 2008 年北京奥运会的图片，并询问同学这场灾难的图片和北京奥运会的时间点 2. 教师展示来自官方和民间的汶川大地震救援视频，并同学生展开讨论，加深学生对中国价值观"众志成城、不屈不挠"的感动 3. 教师通过数据、图片，结合中国价值观"众志成城、不屈不挠，全力以赴"，以及政府面对灾情时对人民不离不弃，全力以赴的感人事迹对人民对灾情的印象	通过让学生了解 2008 年北京奥运会成功举办活动，直观让学生理解一会及重建活动，凝聚中华民族力和向心力及中华民族对人民不离不弃，全力以赴以凝聚中华民族力和向心力价值观

续表

教学流程		教学内容	课堂活动	教学目的
课程 新授	2022 年 北京 冬奥会	1. 教师展示北京冬奥会视频 2. 教师简要介绍北京冬奥会的基本信息 3. 教师通过图片介绍在北京举办冬奥会期间，我国抗击新冠肺炎疫情"动态清零"的政策	1. 学生观看宣传视频，引导学生思考并理解中国在新冠肺炎疫情影响下，为成功举办大型盛会所付出的努力 2. 教师简要介绍冬奥会举办期间的"动态清零"（主要是现有发现传染源，采取公共卫生干预措施，有效救治患者）政策，让学生思考并理解中国民众自觉响应政府号召，对自己对社会负责的良好社会风气	从冬奥会的成功举办，衔接中国疫情防控体系，使其感受到中国的亲情和力、人情味，以及对国际社会负责任的大国风度
课堂总结		1. 教师展示三大板块：唐宋时代、近代中国、现代中国的图片集锦，让学生分组讨论后总结 2. 请学生代表上台发言后，学生进行评论	教师展示唐朝、宋朝、近代中国、现代中国的图片，学生分组讨论，并用一些词语来总结各时代的特点	复习和思考本章内容，考察学生对本章内容的正确理解
课后作业		教师布置课后作业	1. 在唐宋时代、近代中国、现代中国三个时间中，任选其中一个做一个 PPT，对比其所在国家和中国所在国的大事，人口上的区别以及在这个时间段所发生的大事 2. 让学生自行搜寻《西游记》有关资料，为讲解下一节课的知识点做准备	1. 通过对比自己熟悉的母国和中国，让学生主动发现其所在国的文化异同，同时帮助学生理清对中国文化的认知思路 2. 下一章续内容有关于唐朝历史文化知识，需要学生先行铺垫知识，有助于学生更高效地吸收唐朝对外文化交流的相关知识

续 表

七、PPT 设计展示

中国有多少年历史？

从有历史文献记载开始，中华文明有大约5000年历史。

唐朝人口

801年的唐朝：约8000万
2020年的德国：约8186万
801年的长安：约100万

长安是唐朝的首都，是世界上第一个人口过100万的城市

八、教学资源

本章所用资源主要为自编讲义、书本资源，如北京语言大学出版社出版的《中国概况》，以及网络资源。视频链接如下。

1.《长安十二时辰》市井群像

https://www.bilibili.com/video/BV1up4y1D7HB?from=search&se-id=17509967191326133960&spm_id_from=333.337.0.0

2. 大唐 108 坊古今对比

https://pan.baidu.com/s/17LWyEdjZ0fRbgoeQyZ7xWA

提取码：rtp9

3.《清明上河图》动画版

https://www.bilibili.com/video/BV1n54y1j7Pn?from=search&seid=4850758545768687269&spm_id_from=333.337.0.0

4. 中国经济飞速攀升曲线视频

https://www.bilibili.com/video/BV11X4y1V7Wk?from=search&se-id=4734361114896332112&spm_id_from=333.337.0.0

5. 汶川大地震催人泪下的瞬间

https://pan.baidu.com/s/1YzRf8eeRAiVcND2s336z8A

提取码：fcjc

6. 2022 年北京冬奥会宣传片

https://www.bilibili.com/video/BV1gt41197mk?from=search&seid=3970984539116816204&spm_id_from=333.337.0.0

7. 蹴鞠

https://pan.baidu.com/s/1L9MZ56DuhXPzQEBFWWwrsw

提取码：3mq1

九、教学感悟

（1）学生对中国的近现代历史普遍了解不多，而且还可能受到其所在国的政治因素和意识形态的影响。根据学生反馈，他们所在国的教科书会从异于中国的角度来描述近现代中国的历史，所以这门课程不一定要像面对中国学生一样去唤起他们的爱国热情，要以双向交流为前提，从客观的角度来叙述历史。

（2）中国历史对学生来说是个抽象概念，即使教师讲述后，部分学生还是会怀疑历史事件的真实性，所以为了让学生对中国历史产生"真实感"，就需要让其参观有历史故事的场所，用更生动的方式来获取知识。

第五章　回望长安和成都文化

一、教学主题

本章以中国唐朝历史和成都文化为主题。课堂通过展示、演示、参观等形式打破网络带来的隔阂。教师带领学生走出教室，使学生在实景实物中深度理解上节课所学中国历史中的唐朝文化，体验成都本地的民风民俗，对中国产生浓厚的兴趣。

二、内容分析

本章第一课时为前一章内容的延续，并基于成都金沙遗址博物馆展出的以"回望长安"为主题的展览进行讲授。唐朝是中国历史上文化和经济蓬勃发展的时期，不仅能展现中国古代历史的风采，还为后世留下了大量宝贵的文化财富。对于艺术专业的学生而言，了解唐朝的独特艺术表现形式可助力其将这种表现形式与东盟文化做对比，激发创造性思考。

第二课时教学内容为教师引导学生参观成都宽窄巷子景点，实地感受成都特有的民俗风情。本节课的目的是打好学生的文化基础，培养学生对成都民俗文化乃至中国民俗文化的兴趣。此外，本节课对学生理解后续课程中天府文化的来源和内涵的相关知识，具有铺垫性作用。

三、学情分析

由于多数学生对中国历史的了解仅仅来源于文学或者影视作品等，容易对中国历史造成一些刻板印象，所以本章内容让学生学习中国唐代历史的同时，主动对比中国和其母国的文化差异，以便更好地消除其对中国历史的刻板印象。此外，多数学生因地域隔阂，对成都的了解也仅仅是一些诸如"熊猫""川剧变脸""2021年成都世界大运会"等方面的内容，所以本章在第二课时，教师会带领学生实地立体地感受成都的民俗文化氛围，促进学生对成都文化的了解，加深学生对成都文化的印象和认识。

四、教学目标

（1）了解唐朝时期中国首都长安的生活风貌和文化特征，树立正确的历史观。

（2）感受成都的特色本土文化氛围，促进学生对天府文化的了解，加深学生对天府文化的印象和认识。

五、教学重难点

教学重点：了解唐代的人文风采，了解成都的民俗风情。

教学难点：

（1）对东盟国家的学生来说，他们与我国同属东亚文化圈，与中国文化和价值观相近，学生容易理解文学作品和历史故事典故中的思想内容；而欧洲、美洲等地的学生由于文化差异过大，理解较难。

（2）因本课涉及校外实践性质的课程，学生行动较为自由，注意力易分散，需要教师具有较强的表达能力来集中学生的注意力。

六、教学设计

有关"回望长安和成都文化"的教学设计，如表5-1所示。

表 5-1　"回望长安和成都文化" 教学设计

教学流程	教学内容	课堂活动	教学目的
（第一课时）课程导入	1. 教师展示通关文牒小册子 2. 通过提问引出通关文牒的概念，并解释小册子的用途	1. 请学生猜测小册子的作用（历史上的通行证，类似现代的护照） 2. 介绍在本次饮食展出中按照不同展出板块"印章打卡"的参观要求和纪念意义	1. 教师通过提问，以及和学生常用生活证件进行类比论证，激发学生的学习兴趣 2. 介绍"印章打卡"的要求和意义，可以更好地为本饮食展览的流程引导做铺垫
课程新授　长安城布局	1. 教师通过展示品和介绍板展示长安城布局 2. 教师通过提问引出长安城的基础数据，如长安城的面积、长安城有多少条大街等 3. 教师引导学生思考讨论长安城皇城、宫城、东市、西市的作用	1. 请学生找出有关长安城100万人口，84平方千米，11条大街以及108坊等这些基础数据，让学生认识到长安城的繁盛 2. 请学生根据展示说明，分组讨论长安城皇城（政府办公楼）、宫城（皇室居所）、东市（国内产品市场）、西市（海外产品市场）的作用，并要求学生分组派代表进行讲述	1. 引导学生在现场寻找长安城基础数据信息，并使学生自主思考理解长安城的宏大规模 2. 通过分组讨论，提高学生在学习当中的参与度，并使学生叙述自己的观点，同时还能考察学生学习的认真程度 3. 让学生理解长安城各地点的作用是为了引出"买东西"的典故
城居日常	1. 通过提问引出"买东西"这一汉语日常用典故 2. 展示展品"小银盐台"，引出唐朝的茶文化	1. 教师以"买东西"这一表述为例，提问学生是否在之前的展出中看过"东、西"相关的词汇，并分享"在东市和西市购置物品，并称买东西"这一文化知识点 2. 请学生猜测阅读展品信息以后，讨论唐朝现今饮茶方式的差异	1. 以学生感兴趣的语言文化为话题，联系"东市、西市"和"买东西"的话题，激起学生继续学习的兴趣，让学生认识到中国的文化是一代一代传承下来的 2. 通过茶具的演变以及饮茶方式的演变，引导学生了解中国文化虽然是一代代传承下来的，但是随着时间的推移，在流传过程中也会发生变化

续 表

教学流程		教学内容	课堂活动	教学目的
	发饰妆容	教师通过展品展示唐朝男女发饰妆容以及复原服饰	请学生观察陶俑、画作等展品，介绍展板以及展出视频，讨论唐朝时期人们的妆容和服饰审美特点	以服饰和妆容这一贴近生活的话题为切入点，让学生对于千年以前唐朝的审美观产生兴趣
	胡旋舞	通过视频展示唐朝盛行的舞蹈——胡旋舞	学生通过阅读展板、观看视频理解胡旋舞是一种从西域传入中原的欢快舞种，让学生感受到唐朝时期中华民族和外国人的交流不仅仅是贸易，还包括艺术领域	通过直观的视频展示，吸引学生了解胡旋舞这个独特的外来艺术形式，提出唐朝时期的中国与外国保持并保持开放的文化交流的观点
课程新授	唐代宗教以及玄奘法师	1. 教师通过展品介绍唐朝推崇的宗教信仰 2. 教师和学生交流，提起上节课作业：《西游记》的故事、简要介绍《西游记》 3. 介绍玄奘法师的生平	1. 请学生在阅读展品信息后回答唐朝时期崇尚的两种宗教信仰是什么（道教和佛教），并根据展品简要介绍 2. 和学生交流关于《西游记》这部经典文学作品/电视剧的话题。向学生提问，是否能说出剧中人物的名字和大致剧情 3. 根据学生对上述问题的回答，引出唐僧（玄奘）西行取经的故事，让学生感受并了解唐朝对外开放的社会风气	唐朝时期盛行道教这一本土宗教，而海外传来的佛教也在当时的文化氛围中具有一定的存在感。大部分东盟国家的学生都了解《西游记》的故事，而通过《西游记》可以引出玄奘这类法师的故事，再引申出基于宗教的海外人文交流

续　表

教学流程	教学内容	课堂活动	教学目的
课堂小结	1. 教师简要总结本课时所学重点知识 2. 检查学生"通关文牒"打卡情况	1. 教师带领学生回顾长安城的布局、唐朝人的穿着打扮、胡旋舞以及玄奘类法师等内容，请学生代表谈谈自己的感受 2. 抽查学生"通关文牒"，盖章打卡的情况，检查学生是否参观了本展览的所有展出板块	通过回顾所学内容来巩固学生对唐朝的看法：物质和精神生活富足，以及开放的对外政策和人文交流
(第二课时) 课程导入	1. 教师于宽窄巷子东口处开始，进行实地讲解并解释有奖问答、问题范围和答题奖励规则 2. 教师介绍宽窄巷子的基本信息	1. 提示学生在本课程结束后会有抢答环节，回答正确的学生能得到一定物质奖或者考评分数奖励 2. 教师提问举例：宽窄是什么意思？宽窄巷子其实一共有三个巷子，第三个巷子叫什么名字？ 3. 学生在入口处的展板上尝试寻找信息，教师提示学生有奖问答问题涉及地点、建筑、茶文化、美食、川剧等领域 4. 口头奖励回答正确的学生，根据展板内容简要介绍宽窄巷子的基本信息	通过有奖问答的形式吸引学生的注意力，同时也让学生关注在宽窄巷子游览时的细节，使学生自发地营造主动观察和发现的氛围
课程新授 巷中漫步	1. 教师引导学生从窄巷子走到宽巷子，介绍古建筑为今所用的示例，如老屋翻建以后成为火锅店、酒吧、书店等 2. 介绍途中经过的特色摊贩	1. 带领学生进入窄巷子参观，并让学生初步了解宽窄巷子具有表征性的古今融合的街道风貌 2. 介绍采耳、捏糖人、吹糖人等民间技艺，让学生猜测这些民间技艺的用途	通过有目的的行程指引和解说，让学生在行进的同时思考宽窄巷子的建筑风格特色，以及拉近学生与未知事物之间的距离

续 表

教学流程		教学内容	课堂活动	教学目的
课程新授	传统小吃	教师向学生介绍成都特色小吃和背后的典故，如"三大炮"，店家卖出时的候需要拋掷糯米团三次，就如弹丸一样发出三声响声，故称"三大炮"	1. 向学生介绍三大炮、糖油果子、伤心凉粉等，并解释这些特色小吃的口感以及名称来历 2. 教师可就食物的外观和风味向同学交流感受	用"成都美食"这一学生感兴趣的话题活跃课堂氛围，以互动交流的形式加深学生对本地特色小吃的印象
	成都的饮茶文化	1. 教师在茶铺介绍盖碗茶、长嘴壶 2. 让学生猜测盖碗茶和长嘴壶外观不同寻常的原因 3. 介绍"摆龙门阵"这一俗语	1. 学生观察盖碗茶茶具的形状，盖碗茶喝茶步骤后，让学生讨论茶有盖的原因（茶盖保温，茶盘隔温） 2. 学生观看茶长嘴壶倒茶表演，讨论为何壶嘴很长（减少对茶客的打扰，增进品茶乐趣） 3. 教师提示学生成都人喝茶喜欢"摆龙门阵"（聊天），引导学生理解成都本地俗语的概念	1. 茶文化是成都文化中重要的一部分，了解盖碗茶和长嘴壶这两种特殊茶具，可以满足学生的好奇心理，也可以拉近国际学生和茶文化之间的距离 2. 通过俗语的概念，激发学生探索认识真实成都的想法
课堂小结		1. 自由活动后集合，教师提示学生开始有奖抢答环节 2. 关联本课所学知识，简要总结本课重点内容	1. 请学生回答问题，举例如下：宽窄巷子有哪三个巷子？伤心凉粉是什么味道？"摆龙门阵"是什么意思？宽窄巷子里有咖啡厅吗（问题数量可根据学生实际人数进行调整） 2. 简要总结本课内容，如宽窄巷子名称起源、小吃种类、茶文化，请学生谈谈自己的感受	通过有奖抢答环节，以一种趣味性的形式来复习本课时内容，考察学生对知识的吸收程度，强化学生对内容的理解和记忆

七、PPT 设计展示

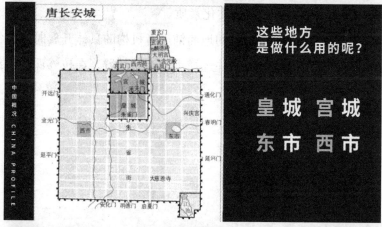

八、教学资源

本章所用资源主要为自编讲义、博物馆资源以及旅游资源，如成都金沙遗址博物馆、"回望长安"陕西唐代文物精品展、成都宽窄巷子景区以及网络资源。

本章教学视频主要来自中国－东盟艺术学院国际部"中国概况"课题组自行录制的解说视频，供教学档案保存和非营利性课程使用。

九、教学感悟

（1）学生对组织参观博物馆这一活动反馈良好，在博物馆里可以学到教室里所学不到的知识。近距离参观文物不但提高了学生的参与度，而且可以让学生在人际交往中提高自身的文化素质。

（2）在校外行课之前要对目的地商铺或者机构的具体开放时间等情况进行必要的考察，提前设计好线路并选择重点互动区域，在校外课程组织中一定要做好充分的准备。

第六章 中国的民族

一、教学主题

本章通过中国的民族这一主题，让学生了解中国的民族概况，知晓中国的民族政策和民族地区的民生状况，同时结合地理板块的相关内容，以各民族别具风格的衣、食、住、行为介绍脉络让学生感受在中国辽阔的疆土生活着的各族人民丰富多彩的人文风情。本章通过谈话式、讨论式等教学方法，旨在让学生了解中华民族不同的生活习惯和民族风俗，激发学生自主学习探究的兴趣。结合四川本身多民族聚居的特点讲述中国的少数民族，从而加深学生的印象，使学生更好地了解中国多元民族文化共生、民族平等、团结和共同繁荣、民族区域自治等基本政策。

二、内容分析

本章内容主要分为两个板块，第一个板块的内容是介绍中国各民族的概况，以汉族为例，通过讲解汉服、拱手礼等民族文化，再结合地理板块的内容引入少数民族的概念。第二板块的内容主要以藏族、傣族、彝族的特色服饰、饮食为脉络，展示各民族不同的人文风情和生活习俗，教师讲授时主要以四川地区的少数民族为例，增强学生的亲近感，激发学生的自主学习、探索的兴趣。

三、学情分析

对于来自泰国、老挝等国的学生来说，由于地缘相近人文相亲，生活习俗和文化与我国傣族有不少相似的地方。课程设计中，教师根据学生的情况进行了相应的引入设计，以帮助学生更好地理解课程内容，拉近师生之间的距离。

四、教学目标

（1）了解中国的民族概况。

（2）通过多民族不同的生活习俗和人文风情的介绍，理解中国是一个多民族国家，有着多元的民族文化。

五、教学重难点

教学重点：了解中国的多民族概况。

教学难点：中华民族的多元民族文化内容丰富多彩、内涵深远，课程中可涉及的民族文化极为有限。

六、教学设计

有关"中国的民族"的教学设计，如表 6-1 所示。

表 6-1　"中国的民族"教学设计

教学流程		教学内容	课堂活动	教学目的
课程导入		1. 教师展示不同的少数民族着本民族服饰的生活照片（尽量选择服装风格、场景差别较大的图片，以突出地理人文风貌的丰富性） 2. 播放一段傣语歌曲视频，你能听懂歌曲中说的是什么吗	1. 请学生猜一猜他们都是来自哪个国家的人 2. 邀请一位老师或或泰国的学生猜一猜傣语歌曲的意思	1. 通过提问引导，激发学生的学习兴趣 2. 通过欣赏与泰国、老挝语音相似的傣语歌曲，拉近与国际学生之间的距离，并为少数民族这一概念的引入做铺垫。此环节可以通过学生来源国情况来做调整
课程新授	中国的民族概况	1. 教师展示56个民族身着民族服装的合照 2. 通过提问，引出56个民族中汉族人口最多这一知识点，同时引出少数民族这一概念 3. 教师展示56个民族的精美民族服饰	1. 请学生按照自己的观察，说一说56个民族代表有什么不同 2. 请学生猜一猜教师是哪个民族？找5个学生熟悉的民族的教师请学生猜一猜他们分别是哪个民族	1. 通过学生自主分享，引导学生找一找有没有和自己国家相似的服饰。由服饰的不同引导学生思考，生活的地理环境不同导致生活习惯和人文风俗的不同 2. 以熟悉的教师作为例子，同时通过数字使学生理解汉族是一个多民族国家，约占全国总人口的91.5%的概念：每10个中国人里面，大约就有9个汉族人
	汉族	1. 教师讲述汉族名称的起源（活跃氛围，以讲故事或传说的方式来解释） 2. 教师展示汉族服饰演变视频，同时复习与历史相关的内容 3. 通过视频中的展示，引入汉族的拱手礼，并带领学生学习拱手礼	1. 欣赏视频，请学生在视频中选择一套最想试的汉服，并分享原因 2. 请学生学习拱手礼，并要求学生在遇到其他教师时以拱手礼的形式问好，在下次课程时分享对方的反应	1. 通过最直观的服饰特点来吸引学生进一步了解各民族的特点，引导学生在感兴趣的领域进行自主学习 2. 通过对礼仪的学习，提出"不学礼，无以立"的观点，并强调人们在生活的方方面面对"礼"的重视 3. 引导学生了解每一个"礼"的内在含义，意识到其所涵盖的对人的包容、体贴和体谅

续表

教学流程	教学内容	课堂活动	教学目的
课程新授 少数民族——藏族	1. 教师展示四川地图，请学生找出名字最长的三个地方（阿坝藏族羌族自治州，甘孜藏族自治州，凉山彝族自治州），引入藏族自治介绍 2. 教师展示高原地理环境图片（雪山，草原）引入藏族独特的服饰——藏袍 3. 教师展示藏族女性着藏式服装的照片，请学生找出藏袍的适应性特点（藏式服装现在已婚妇女也喜欢穿） 4. 展示其他特色的藏式装饰品，引出哈达，讲述献哈达的礼仪 5. 通过情景演绎的方式完成"在藏历新年到藏族朋友家做客"引出酥油茶、糌粑、青稞酒以及"三口一杯"的习俗 6. 视频连线（或播放录制视频）——我们的藏族朋友，从服饰、饮食、民族语言三个角度，以真实平凡的视角来看少数民族朋友的日常生活	1. 请学生在四川地图上找出名字最长的三个行政区域 2. 通过观察四川藏族生活的地理环境特点，请学生思考藏袍的适应性特点 3. 通过观察女性藏式服饰的不同，让学生了解藏族服饰文化的复杂多样 4. 通过情景演绎的方式使学生了解藏族的特色饮食和习俗。可分小组进行三次演绎，学生来加深对于藏族生活习俗的了解。在教师的提示下主人方需演示"献哈达""敬酥油茶"，客人方需演示"祝福语'扎西德勒'，喝酥油茶"以藏语"三口一杯"的敬酒礼仪	1. 通过地理环境特点，给学生搭建背景，使服饰引入更加自然，并引导学生自主思考蕴藏着的人们的智慧 2. 由藏族服饰到情景演绎活动"在藏历新年到藏族朋友家做客"已经用品哈达一些铺垫。再通过教师引导，学生自主演绎情景的方式，使得学生在课堂中更加活跃。教师对于关键知识点的印象也更加深刻 3. 上线下课时，教师可提前准备各服装和道具，增强学生对本体验的体验，并以背景音乐和场景图片做搭配使学生产生身临其境之感

续表

教学流程		教学内容	课堂活动	教学目的
课程新授	少数民族——傣族	1. 视频连线（或播放录制视频）——我们的傣族朋友：傣族节日和习俗介绍 2. 视频连线（或播放录制视频）——我们的傣族朋友：能歌善舞的傣族人。听傣语歌，根据傣语歌词内容引出傣族特色美食：香竹糯米饭、香茅草烤鱼 3. 视频连线（或播放录制视频）——我们的傣族朋友教大家几句日常傣语 很多人都不知道但常出现在生活中的傣语："猫哆哩" 傣族语是什么意思？"英气活力帅小伙""阳光活力帅小伙"	1. 学生欣赏视频，并就视频中所展示的地理环境、建筑特色做分享 2. 请学生分享傣族的泼水节和泰国、老挝的泼水节有什么相似和不同的地方 3. 学生欣赏视频感受傣族美食 4. 请学生学习用傣语同好，并请学生考自己的中国朋友，知不知道"猫哆哩"是什么意思（在中国，一种非常受欢迎的零食酸角糕的名字也叫"猫哆哩"）	1. 以学生熟悉的泼水节为切入点，拉近教师与学生的距离，使学生产生亲近感，同时又区别于藏民族的生活习惯和风俗，在引导学生感受"一方水土养一方人"的同时，体会"和而不同" 2. 通过美食的吸引活跃课堂氛围，并引出傣语部分的内容 3. 通过学习简单的傣语，鼓励学生通过自己的面貌，学习和探索认识更真实的中国各民族面貌，并拉近与中国朋友的距离
	少数民族——彝族	1. 视频连线（或播放录制视频）——展示彝族服饰、彝族美食、彝族语言 2. 教师接着展示彝族的特色美食和酒文化，如你来到彝族人家做客，主人不会泡茶敬客，却有倒酒敬客的习俗 3. 教师讲述火把节的传说，并展示火把节现场的视频	1. 学生欣赏视频，彝族朋友的介绍视频，对比之前课程中的两个民族，谈谈自己的感受 2. 欣赏火把节的现场视频，感受彝族热闹非凡的节日 感受彝族热闹氛围	通过一系列的视频使学生以更生活化的视角来了解中国，并培养学生自主探索的习惯

七、PPT 设计展示

我们的彝族朋友
——视频

我们的傣族朋友
——视频

香茅草烤鱼

香竹糯米饭

八、教学资源

1. 汉服换装

https://www.bilibili.com/video/BV19f4y1z7Ar?from=search&se-id=7082351163856509455&spm_id_from=333.337.0.02.

2. 怎样做出正宗的藏族酥油茶

https://jingyan.baidu.com/article/ca00d56c225eaee99febcf55.html

3. 彝族火把节

https://pan.baidu.com/s/15uwV1PCo1QrrwL-O7Co-mQ

提取码：0iv6

九、教学感悟

（1）因受新冠肺炎疫情影响，学生暂未返回中国，所以通过网课的形式来呈现本章内容，但是由于时差、网络等相关因素的影响，对课堂活动的有效开展造成了一定的干扰。特别是对于情景演绎的课堂设计，远不如线下课堂的效果。

（2）学生对美食这一部分的内容非常感兴趣，课堂反馈较多。线下课堂可增加学生体验的环节，以调动其参与的积极性。

（3）来自泰国、老挝的学生对傣族介绍这一部分内容亲近感非常强，能听懂部分傣语，整体相对活跃。

第七章　中国的家庭

一、教学主题

本章以中国的家庭为主题，内容主要包括中国的家庭概况和家庭观念两个方面，而在家庭观念方面主要涉及向学生讲解中国人对孝文化的理解。本章整体以讲授式授课为主，结合谈话式、讨论式、课堂辩论等教学方法，旨在让学生通过本章内容了解中国的家庭概况，通过典型案例和经典故事，增强学生对中国的认同感，同时消除可能存在的一些关于中国家庭的刻板印象和误解。

二、内容分析

本章内容主要分为两个板块，第一个板块是介绍中国家庭的概况，从"家"这个汉字说起，帮助学生更好地认识本章的主题。课堂中，教师通过与学生互动分享的方式，以家庭称呼作为课程的开端，可以更好地帮助学生理解家庭结构，同时引入核心三代"中国式"家庭现状，并结合当今世界普遍存在的老龄化问题和空巢老人等社会现象进一步讨论，为第二个板块的家庭观念做铺垫。第二个板块以家庭观念为主题，通过"百善孝为先"引入中国人对于孝的重视程度，再抽丝剥茧从多个维度帮助学生一步步理解到底什么才是我们所说的"孝"。该板块内容具有一定的难度，但通过课程中案例的强化，可以帮助学生对中国家庭和家庭观念有一个更好的了解，此部分内容也是学生在中国学习、生活的必备知识。

三、学情分析

班级内来自马来西亚的学生为马来西亚华裔，对中国的家庭结构有较为清晰的了解。来自东南亚的学生，家庭结构与中国家庭有相似之处，在理解中国家庭背后的文化内涵时，与其他地域的学生形成较鲜明的对比。而来自墨西哥、俄罗斯、乌克兰等地的学生则因其文化差异，对中国的家庭了解较少。

四、教学目标

（1）了解中国的家庭概况。

（2）了解中国人的家庭观念。

五、教学重难点

教学重点：了解中国的家庭和主流家庭观念。

教学难点：家庭观内涵丰富深远，本章以孝文化为主，通过对家庭观念的拓展理解中国人的家国情怀。

六、教学设计

有关"中国的家庭"的教学设计，如表 7-1 所示。

表7-1 "中国的家庭"教学设计

教学流程		教学内容	课堂活动	教学目的
课程导入		1. 教师展示甲骨文"家"的图片（宀，房屋）（豕，猪）。让学生观察并自由讨论甲骨文"家"的由来和含义 2. 关于家庭称谓提问：你家有几口人？有几个兄弟姐妹呢	小练习： 妈妈的弟弟，你应该怎么称呼他？爸爸的姐姐，你应该该怎么称呼她？妈妈的哥哥的儿子，你应应该该怎么称呼他？爸爸的爸爸的女儿的女儿，你应该怎么称呼她	由汉字引入，引发学生兴趣和思考，以练习的方式预热下一部分对于"家庭结构"内容的理解
课程新授	核心三代"中国式"家庭	1. 教师以提问的形式引入中国的现状："你是否有（亲）兄弟姐妹？"从而使学生了解中国的家庭的如下现状："4+2+1式"的家庭结构，以及现在开放的二胎，三胎政策 2. 教师展示图片，学生针对图片（图中为比较典型的爷爷奶奶来接孙儿孙女放学回家）进行讨论	1. 学生就"你是否有（亲）兄弟姐妹？"分享自己的家庭成员的组成情况 2. 学生讨论：在你的国家，子女后还会和父母生活在一起吗？父母在成年后还会对子女有经济支持吗？祖父母一般会照顾第三代吗？你认为这对子女有什么影响	关于中国式家庭的概念会单单平铺直叙的讲解相对单调无味，情景式的讨论可以让学生更真切地感受到这些结构和数学就是真实的人们的生活，引发学生自主思考
	家庭观念拓展	1. 教师提问："为什么说"老乡见老乡，两眼泪汪汪"" 2. 教师提问：什么是"拜把子" 3. 教师讲述"桃园三结义"的故事	学生就两个问题进行讨论，并分享自己的观点	以开放讨论的形式来完成对家庭观念拓展内容的理解，有助于学生将日常生活中的情况与练习的观点相对应

续表

教学流程		教学内容	课堂活动	教学目的
课程新授	百善孝为先，从"孝"字说起	1. 教师展示"孝"字的象形象意：第一幅图，一个老人拄着拐杖，逐渐象形后形成了"老"字。第二幅图，一个襁褓中的小孩儿，逐渐象形后形成了"子"字。第三幅图，图中孩子把自己当作老人的拐杖，搀扶着老人向前行走，逐渐象形就有了我们现在的"孝"字 2. 教师结合图例讲述传统二十四孝中的小故事：卧冰求鲤（突出非血亲关系的孝） 3. 教师提问：如何理解孝文化呢？分三个层面来说：第一层（最容易理解的一层），在物质上赡养父母；第二层，在精神上，生活上尊敬体贴父母，受之父母，不敢毁伤，爱惜自己的身体和生命，也是孝的表现；第三层，大道之孝，中国人的家国情怀	1. 请学生说一说他们知道的有关家庭的成语或俗语，如家和万事兴，四世同堂，天伦之乐 2. "我们和父母相处的时间还有多少？"请学生说一说自己和父母相处的时间算一算 3. 请学生就"身体发肤，受之父母，不敢毁伤，孝之始也"这一观点说一说自己的理解	1. 以"孝"字引入，带领学生以一些汉字、词语来理解中华民族的孝文化 2. 通过分层的举例让学生理解孝文化的深刻内涵，并尝试理解中国人长久以来的家国情怀 3. 通过探讨时事新闻来理解文化差异，结合主题内容让学生更容易理解这些行为的内涵

续 表

教学流程	教学内容	课堂活动	教学目的
课堂辩论	1. 教师给出辩题：父母提出住养老院，你支持吗 2. 教师给出新闻作为背景铺垫：在一个老旧小区里，一位大爷发现死在家中，被发现时已在家中逝去多日（关键点：非孤寡老人，有正常工作和社交，家庭收入和条件较好）	学生通过教师的讲解分组进行辩论： 第一轮：请学生表明自己的观点"支持"或"不支持"，并自动成为正方和反方。教师请定正方和反方方，给学生3分钟时间准备自己的观点，被分3名同学发言（每位同学发言尽量控制在3分钟之内，包括教师对观点进行梳理的时间） 第二轮：在经过第一轮辩论后，请学生在评论区再次表明自己的观点，看是否发生变化。请观点发生变化的同学谈一谈为什么改变了想法	通过对辩题的辩论，引导学生结合课程中"孝"的理解，请学生思考"孝"对于当代年轻人的意义
作业布置	社会调查： 1. 说一说对"孝敬"一词的理解 2. 你认为怎样才算"孝" 3. 你对不孝敬父母的人持什么样的态度 4. 你身边有没有对父母尽孝做得特别好的人，举例说明	社会调查作业要求： 1. 3～4人为一个小组，每人需要采访身边的3名中国人，以社会调查的形式了解当代中国人对孝的理解 2. 调查以访谈法为主，可参考教师给出的4个问题，再加上1个你自己想要了解的问题 3. 做好访谈记录，建议在访谈时征求被采访者同意后进行录音，方便后续完成访谈记录 4. 组内成员每人完成自己的访谈记录后，综合小组内的调查结果，将调查结果以PPT的形式在下节课进行展示，可以将调查结果与自己国家的情况进行对比，找一找相同点和不同点 5. 每组汇报的时间大约在5分钟	通过实践（采访）的方式，使学生深入了解当代中国人及国家庭现状及中国人对"孝"的理解

七、PPT 设计展示

中国人的家国情怀

"老吾老以及人之老，幼吾幼以及人之幼"

"一方有难，八方支援"

中国人"家"的观念推己及人，由此拓展到
与他人、与社会以及与国家的关系之中

八、教学资源

本章视频资料为中国－东盟艺术学院国际部"中国概况"课题组课堂实录视频，供教学档案保存和非营利性课程使用。

九、教学感悟

（1）因为受新冠肺炎疫情影响，学生暂未返回中国，所以本章内容是通过网课的形式呈现的，由于时差、网络等相关因素的影响，对课堂活动的节奏造成了一定的干扰。

（2）在辩论的过程中，学生表现非常活跃，虽然中文表达还不太流畅，但大多数都踊跃发言且表达自己独到的观点。如果在准备比较充分的情况下，可进一步让学生对更复杂或者更深刻的题目进行讨论。

第八章　中国家庭的婚恋观

一、教学主题

本章围绕中国家庭的婚恋观这一主题展开教学。课堂上教师将学生划分为若干小组，以展示和分享其关于中国家庭现状的调查为切入点，深入探索中国人的家庭观，了解中国人的婚恋观和婚恋现状。

二、内容分析

本章内容主要聚焦中国家庭的婚恋观，以婚恋相关的调查问卷（详见附录一）作为导入，通过让学生现场作答的方式，激发学生对本节课的学习兴趣。现场问卷调查以及数据的展示和分析可以引发学生思考和讨论，从而进一步深入探寻形成中国家庭观的文化因素，以及中国年轻人的婚恋现状和形成这些现状的原因。

三、学情分析

中国－东盟艺术学院每届留学生本科约 150 人，研究生约 50 人，主要来自越南、泰国、老挝、马来西亚、韩国，还有少部分学生来自巴基斯坦、俄罗斯、菲律宾、哥伦比亚、哈萨克斯坦、吉尔吉斯斯坦、柬埔寨、肯尼亚、缅甸、墨西哥、塞尔维亚、乌克兰、印度尼西亚、塔吉克斯坦、尼泊尔等国。"中国概况"是留学生的一门通识必修课，根据人才培养方案，本科生需在第三学期修读，研究生需在第二学期修读。留学生通过前期的汉语学习，对中国文化已有一定程度的了解，尤其是来自东南亚的留学生，由于地缘相近、人文相通，对中国的家庭和中国人的婚恋观有初步认识，但不够准确。

四、教学目标

（1）了解中国年轻人的婚恋现状，找出造成这些现状的原因。

（2）能够比较本国和中国年轻人婚恋现状的异同，并发现和思考造成这些异同的社会因素。

五、教学重难点

发现不同国家年轻人婚恋观的相同点和不同点，思考和分析其形成的原因。

六、教学设计

有关"中国的家庭和婚恋观"的教学设计，如表 8-1 所示。

表 8-1 "中国的家庭和婚恋观"教学设计

教学流程	教学内容	课堂活动	教学目的
课程导入	1. 发放提前设计好的调查问卷 2. 不同国家年轻人婚恋观的对比和分析：通过电子调查问卷的数据统计功能，向学生展示本班学生的答案	1. 学生作答 2. 通过调查问卷答案展示，与学生分析不同国家婚恋观的相同点和不同点，并向学生提问选择该选项的原因	1. 通过问卷调查，激发学生对本节课的学习兴趣，进而思考自己的婚恋观，为下一步的讲授做好铺垫 2. 通过调查问卷的数据统计和分析，引发学生思考不同国家的婚恋观，以及形成这些观念的社会因素
课程新授	讲解中国年轻人的婚恋观，通过一系列数据和图表展示中国年轻人的婚恋观，包括单身原因、结婚年龄、选择伴侣的条件等社会关注的话题，同时与学生调查问卷的答案进行对比	就所展示的数据和图表向学生提问	通过数据直观展示中国年轻人的婚恋观，使学生思考该婚恋观与自己国家年轻人婚恋观的异同，进一步引发思考，探索形成这些观念背后的社会因素

续　表

教学流程	教学内容	课堂活动	教学目的
内容拓展	讲解汉代才女卓文君《白头吟》中的"愿得一心人，白首不相离"	学生通过教师的讲解，了解中国古人的爱情观	让学生了解在中国古代，大多数人遇到真爱的时候，都是很真诚的，他们认为爱情和婚姻是非常神圣的
讲解作业	作业： 1. 介绍自己国家的婚俗（相同国家的同学为一个小组） 2. 准备一张红色的正方形纸	1. 以PPT（图片、视频、简单文字）的形式进行汇报，每组汇报时间不超过3分钟 2. 现场剪纸活动：剪"囍"字	1. 通过多个小组的多媒体展示，使学生了解不同国家的婚俗 2. 通过剪纸活动，在活跃课堂氛围的同时，使学生感受中国剪纸文化

七、PPT 设计展示

八、教学资源

相关婚恋数据来源

https://mbd.baidu.com/newspage/data/landingsuper?rs=1561265785&ruk=c3G_iDQOrkkxZe8H7UYtyQ&sShare=1&isBdboxFrom=1&pageType=1&context=%7B%22nid%22%3A%22news_8913970431022007018%22%7D

九、教学感悟

由于学生在境外无法返校，身边中国朋友有限，故无法通过访谈法获得较全面的调查结论。大部分学生通过网络查阅相关资料，调查结论不够准确。

学生对婚恋相关内容关注度较高，通过发布课堂调查问卷，充分活跃了课堂氛围。通过调查问卷的答案，可以得知学生已有较为明确的婚恋观，并且能够对自己的观念进行解释。通过数据统计，教师发现不同国家的学生婚恋观有很多相似点，并且有些观念和中国年轻人的观念相同，如大部分学生会选择生育二胎。

第九章　中国的传统婚俗

一、教学主题

将学生分为若干小组，组内包含不同国籍的学生，以展示和分享其国家的婚俗为切入点，使学生初步了解不同国家的传统婚俗，以及不同国家传统婚俗的特色，从而深入了解中国传统婚俗，包括婚礼流程、传统礼仪和婚礼用品。

二、内容分析

中国素有"文明古国""礼仪之邦"的美名。从古至今，婚姻礼俗一直受到中国人的重视，所以中国形成了自己独具特色的传统婚礼习俗。中国传统婚俗是中国传统文化的重要组成部分，传承了上千年来中国人的精神血脉，很好地体现了中国人对礼仪和仪表方面的重视。为了激发学生的学习兴趣，本节课打破以往传统的讲授方法，以各国传统婚俗的共通点为契机，使学生了解部分具有特色的中国传统婚礼流程，如拜堂、跨火盆、掀盖头和敬茶改口；使学生知道部分具有代表性的结婚用品，如凤冠霞帔、花轿、盖头、秤杆、花生、红枣和"囍"字。

三、学情分析

本班级中，大部分是来自东南亚的学生。由于地缘相近，一部分学生对中国的传统婚俗有些许了解，但并不全面。班内也有部分老挝、泰国等地的学生，其本国婚俗与中国有一些相似之处。在授课过程中，教师通过深入讲解、分析、对比和探讨，可以帮助学生更好地理解中国婚俗背后的文化内涵。

四、教学目标

（1）初步了解不同国家的婚俗，能够描述不同国家婚俗的特点。

（2）了解部分具有特色的中国传统婚俗的流程和婚礼用品，并且理解其背后的文化内涵。

（3）体验中国民间艺术的多样性，学会剪"囍"字。

五、教学重难点

教学重点：了解中国素有"礼仪之邦"之称，以及中国人对传统婚礼习俗的重视程度。学生能够描述部分具有特色的中国传统婚俗流程和婚礼用品。

教学难点：体验中国传统民间艺术——剪纸。

六、教学设计

有关"中国的传统婚俗"的教学设计，如表9-1所示。

表9-1 "中国的传统婚俗"教学设计

教学流程	教学内容	课堂活动	教学目的
课前热身	学生以小组为单位进行多媒体展示，通过PPT展示自己国家的婚俗	每组展示过后，教师和学生进行互动	通过翻转课堂的形式，激发学生兴趣，使学生了解各国的婚俗
课程导入	中国传统婚俗。学生带着问题观看中国传统婚俗相关视频	1.通过PPT展示以下问题：在中国的传统婚礼上，大家准备了什么食物？在墙上、窗户上、门框上有什么装饰物？有几个人抬花轿 2.学生给出答案，通过学生的反馈，了解学生是否仔细观看了视频	1.可以让学生有重点地观看视频，加深对传统婚礼习俗的印象 2.通过提问，使学生记忆和婚俗相关的物品，如喜酒、花轿和婚礼场地的装饰

续　表

教学流程		教学内容	课堂活动	教学目的
课程新授	婚礼流程讲授	1. 截取视频中部分具有代表性的婚礼流程进行讲解，如拜堂、跨火盆、掀盖头和敬茶改口 2. 教师向学生提问：你们国家在举办婚礼时有敬茶改口这一流程吗	1. 教师讲授与婚礼流程相关的文化习俗 2. 根据学生反馈展开讨论	1. 通过讲解已观看的视频，使学生加深婚礼流程的印象 2. 通过讨论的形式，可以使学生更好地了解不同国家的婚礼习俗，了解不同文化的多元性
	婚礼用品讲授	利用多媒体展示和讲解部分婚礼用品，如凤冠霞帔、花轿、盖头、秤杆、花生红枣和"囍"字	学生观看教师所展示的结婚用品	通过讲解，使学生了解传统婚礼的用品，并且懂得其文化内涵
	课堂剪纸活动	通过剪"囍"字，使学生体验中国民间剪纸文化	教师带领大家剪"囍"字，并讲解其含义	通过实际操作，使学生体验中国民间剪纸文化，展示中国民间艺术的多样性

七、PPT 设计展示

 婚礼流程

拜堂

拜堂也称"拜天地"，
古代婚礼仪式之一。

八、教学资源

中国传统婚礼

https://pan.baidu.com/s/1OSGAGF6Li1STfc3My6LUHA

提取码：alqi

九、教学感悟

学生对其国家传统婚俗的展示准备得较为充分，内容丰富，涵盖了婚礼的饮食、流程、结婚用品等诸多方面。通过马来西亚小组传统婚俗的讲解，可以得知中国传统婚俗和马来西亚的婚俗非常接近，包括三书六礼、彩礼、回礼、嫁妆、迎亲、过门和摆酒席等内容。

第十章　中国的教育

一、教学主题

本章主要通过师生互动、视频讨论的教学方式，从古代和近现代两个阶段系统介绍中国的教育情况，并通过对比西方及东盟国家的教育情况，使国际学生对中国教育有更加全面的了解和认识。

二、内容分析

第一部分主要介绍中国教育，可以简单从古代教育和近现代教育两个阶段来介绍。

（1）古代教育。中国的教育源远流长，早在原始社会后期，中国就出现了教育的萌芽。根据历史记载，在4000多年前的夏朝，中国就已经出现了学校教育的形态，而儒家文化对中国教育的发展产生了重大影响。在中国古代能上学的人大多是贵族阶级、世家子弟或有钱人。孔子在《论语》中提出"有教无类"，意思是不论是谁，来自哪一个阶级，都有学习和接受教育的权利。从此，平民教育开始普及。

（2）近现代教育。近代以来，中国加强了对教育的重视和干预，中国的教育持续发展。学校开始加强科学教育，普及义务教育，因此受教育人数逐年增加，新的现代教育体系逐步形成。近现代教育包含学前教育、义务教育（初等教育和中等教育）、高等教育、职业教育、特殊教育、继续教育。

第二部分主要介绍中国的考试制度，可以简单从古代和近现代的角度划分为科举制度与高考。科举制度是中国古代通过考试选拔官吏的一种基本制度。在现代，中国学生的升学考试主要包括中考与高考。高考更被重视，是因为在某种程度上，对于大部分人来说，高考决定着人生的方向。

三、学情分析

中国－东盟艺术学院本科班学生国籍分布较广，如泰国、老挝、越南、俄罗斯、尼泊尔、印度尼西亚、韩国等。他们通过社交媒体、身边朋友、电视节目等渠道获取对中国的基本了解，且前期调查显示，80%以上的学生自我评判是对中国不太了解，但均对中国文化感兴趣，30%以上的学生表示愿意进一步了解中国的教育模式。本节课旨在激发学生的学习兴趣，搭建学生了解中国教育模式的基本框架，进一步培养学生知华、友华、爱华的情感。

四、教学目标

（1）通过学习与比较，使学生初步了解中国教育的发展历程，同时发现并总结出不同阶段中国教育制度的特点，进一步理解和认同中国的教育模式及教育改革的重要性。

（2）通过教师讲授与视频解读相结合的方式展开教学活动，促进学生对中国教育的了解与认识，激发其深入了解与认识中国教育发展历程的兴趣。

（3）学生自主讨论，教师引导其了解各国教育模式及考试制度，尊重教育模式的多元化与多样性。

五、教学重难点

教学重点：

（1）了解认识中国古代和近现代教育发展历程，如古代的官学、私学、科举制度，现代的义务教育、高考等。

（2）认识到中考、高考和艺考的联系与区别，如高考为什么被重视？为什么一部分高校除了有文化课要求还有艺术课要求？

教学难点：

（1）理解不同国家的文化特点对教育模式的影响。

（2）总结不同阶段中国教育模式的特点。

六、教学设计

有关"中国的教育"的教学设计，如表 10-1 所示。

表 10-1 "中国的教育"教学设计

教学流程		教学内容	课堂活动	教学目的
课程导入		课前互动： 1. 教师提问＋小组讨论，引出本课内容 2. 通过图片、视频，猜测并解读中国教育，激发学生兴趣 3. 教师展示中国高中学生作息时间表及高考期间交警送考的图片和视频	1. 教师提问：如果简单用一个词或一句话来总结中国教育制度，会是什么呢 2. 学生分小组讨论并引出高考、考试、教育变革等与中国教育模式相关的词汇	了解学生对中国教育制度的认知程度，展示中国对教育的重视程度，并引出本节课内容
课程新授	古代教育概念	1. 通过图片展示古代教育的相关内容，建议挑选官学和私学代表性学院的有针对性的图片 2. 提问学生对官学和私学概念的理解	1. 教师提问：什么是官学和私学呢？教师引导学生回答：官学是由政府直接兴办的学校，私学是由私人兴办的学校 2. 展示古代学院：湖南省长沙市的岳麓书院、江西省九江市的白鹿洞书院、河南省登封市的嵩阳书院、河南省商丘市的应天府书院	根据图片的解读及师生互动，引导学生了解中国古代的教育模式
	近现代教育概念	引入近现代教育模式：教师介绍现代教育主要包含以下教育体系：学前教育、义务教育(初等教育和中等教育)、高等教育、职业教育、特殊教育、继续教育	1. 引导学生理解并回答几种教育体系的区别与联系 2. 展示近几年受教育人数比例及增长率，学生直观感受近些年中国教育普及程度	通过对比古代教育与近现代教育，引导学生思考中国教育变革的历程

续　表

教学流程		教学内容	课堂活动	教学目的
课程新授	古代、现代考试制度	对比古代考试制度与现代考试制度：科举制度 VS 高考制度	1.教师提问：古代人学习都是为考取功名、入朝为官，那么如何才能成为朝廷官员呢？教师指导学生回答：科举制度 2.通过图片展示及视频介绍，请学生总结科举制度的三个特点：世界上最早的考试制度、世界上延续时间最长的人才选拔制度、最为严格的人才选拔制度 3.教师提问：在当代，被大家所重视的考试制度是什么呢？教师引导学生回答：高考 4.结合数据、图片，介绍高考的时间、科目以及难度	1.通过科举制度与高考制度的对比及视频解读，展现中国教育的发展，以及中国对教育的重视程度 2.打破国际学生对中国考试制度的传统认识
	中国艺考制度	1.教师提问，引出中国的艺考制度 2.通过图片和视频展示中国艺考现状 3.讲解艺考与高考的联系	1.教师提问：在中国，如果学生希望进入艺术学院学习，除了对高考成绩有要求外，还有其他要求吗？教师引导学生回答：需要有才艺，参加统一时间段的艺考 2.结合图片、视频介绍中国学生参加艺考的情况及相关要求。可选择相关专业进行举例：如果是美术类的学生，如视觉传达与绘画专业，艺考时就需要完成美术统考的3个考试科目，满分450分 科目一：素描（150分） 科目二：速写（150分） 科目三：色彩（150分） 3.请学生说一说他们认为的艺考与高考的关系，教师进行总结	1.从学生的专业实际出发，使其进一步了解中国艺考制度，鼓励学生思考高考制度与艺考制度的联系 2.通过中外学生申报艺术院校的差异性，来表达对国际学生的尊重与包容，进一步培养他们知华、友华、爱华的情感

续 表

教学流程	教学内容	课堂活动	教学目的
课程总结	介绍美国SAT（学术能力评估考试）考试和日本大学入学考试等多国考试的特点，并让学生在小组内讨论各国考试制度的特点	教师简单介绍美国SAT考试和日本大学入学考试的特点，组织学生以小组为单位讨论自己国家考试制度的特点，主要围绕以下几个问题进行： 1.学生所在国家是否有高考或者类似高考的制度 2.学生所在国家的考试制度存在哪些优点或者缺点 3.希望国家的考试制度拥有什么优点？哪一个国家的考试制度，在你看来觉得是值得学习的 教师总结：世界各国都拥有独特的教育与考试模式，根据自己国家的需要，取长补短。持续的教育改革是很重要的，相信每一个国家都在不断进步，努力让教育事业发展得更好	通过讨论对比，了解其他国家的考试制度，引导学生理解尊重各个国家教育制度存在的必要性和重要性

七、PPT 设计展示

八、教学资源

1. 科举制度视频

https://www.bilibili.com/video/BV1Ts411q7pH?share_source=copy_web

2. 美术阅卷

https://www.bilibili.com/video/BV1Zf4y1E7JV/?spm_id_from=333.788.recommend_more_video.1

3. 交警护航高考

https://www.bilibili.com/video/BV1m64y1k7aT?p=1&share_medium=iphone&share_plat=ios&share_session_id=2EF3EF86-BB68-447B-ABB4-55BA8F7C819D&share_source=WEIXIN&share_tag=s_i&timestamp=1637480111&unique_k=V7Y5Hfu

4. 美术联考

https://www.bilibili.com/video/BV1Uv41167AM?from=search&seid=9018477807565861233&spm_id_from=333.337.0.0

九、教学感悟

（1）教师预计学生对中国的教育缺乏了解，所以重点倾向于对中国教育概念的讲解，但在实际授课过程中发现，学生普遍对中国教育有一定了解，在后期课程中可适当调整该教学内容的比例。

（2）教师预计学生对中国高考制度比较感兴趣，且多数学生能够对中国高考的难度表示理解，但在实际授课过程中发现，仅少数学生对高考难度表示理解，多数学生并没有同感。

（3）学生能够主动思考对比其国家教育体系与中国教育体系的异同，后期课程中可适当调整对教育体系异同部分讨论的时间，使学生充分讨论，并表达自己对各国教育体系异同的观点。

（4）本门课程目前主要针对艺术类学生，在实际授课过程中发现，学生对中国艺考制度较为感兴趣，后期可适当补充艺考部分的内容，并请学生互相讨论其国家是否也有类似的艺考制度。

第十一章　中国的经济

一、教学主题

本章主要通过课堂教学、师生互动、视频解读、线下探访的教学模式，分别从中国经济发展状况、中国经济与世界经济发展的联系、中国城市经济发展三方面介绍中华人民共和国成立至今的经济发展状况，使学生更加全面地了解中国的发展实况，并走进成都本地的经济生活。

二、内容分析

第一部分总述中国经济发展状况以及中国经济与世界经济的联系。中国的农业、工业、服务业三大产业迅速发展，数字经济、"互联网+"的发展更是走在世界前列。自1949年以来，中国经济的发展让人们的生活水平越来越高，衣、食、住、行在这短短几十年里发生了非常大的变化。当代中国经济的发展更是与世界经济的发展紧密相连。

第二部分主要介绍中国城市经济发展状况，分别从一线城市、二线城市、三线城市或四线城市的发展情况进行介绍，最后以学生目前生活所在地成都为例，具体介绍城市经济发展状况，从而加深学生对自己当前所生活城市的了解。

三、学情分析

本班学生对中国的经济发展状况只有一些基本的了解。他们普遍认为中国是一个经济大国，但对中国经济与世界各国经济的关联了解得并不清晰，所以本章主要是通过一些教学内容，激发学生的学习兴趣，带领学生深入了解中国整体以及其所在地成都的经济发展状况。

四、教学目标

（1）通过学习与比较，使学生从食、住、行三方面了解中国经济发展状况，同时发现并总结不同阶段的特点。

（2）通过教师讲授与视频解读相结合的方式展开教学活动，促进学生对中国经济发展的了解与认识，激发其对中国经济发展深入了解的兴趣。

（3）学生自主讨论，教师引导其了解各国经济发展状况。

五、教学重难点

教学重点：

（1）了解中国经济发展状况，以及不同经济发展阶段对不同地区生活质量的影响。

（2）能认识到中国经济发展与世界经济发展的紧密联系，以及中国数字经济的普及情况。

教学难点：

（1）理解民生经济与国家经济的联系与区别。

（2）能够对比总结各个国家经济发展的情况及特点。

六、教学设计

有关"中国的经济"的教学设计，如表11-1所示。

表 11-1 "中国的经济"教学设计

教学流程		教学内容	课堂活动	教学目的
课程导入		1. 教师播放视频《外国人聊教育》 2. 与学生互动，通过提问形式展开讨论引出本节主题	1. 提问学生：通过观看这个视频，你对中国的教育与经济发展的联系有什么看法？教师引导学生回答：中国将教育置于高度优先地位，可以为国家经济发展提供良好的支持 2. 教师提问：在中国，如果只可以选择一种物品带出门，你会选择哪一种？ A. 钱包　B. 银行卡　C. 手机　D. 地铁卡 教师总结：在中国，不论你去哪里，只要有手机就可以完成大部分的事情	通过视频总结回顾教育课程，引出本节新课，使学生对中国经济有初步了解并进行思考
课程新授		国家经济发展对民生经济的影响 1. 展示"双十一"网购成交额截图及视频 2. 从四方面展示中国经济发展状况：中华人民共和国成立以来，中国国内生产总值、粮食总产量、常住人口城镇化率、铁路营业里程	1. 通过数据冲击，使学生切实了解当下中国人民的消费情况 2. 引导学生讨论总结中国发展的特点：变化大、发展快、多样化等	以贴近学生生活的方式，引导学生主动了解中国经济发展的现状，并思考中国人民的衣、食、住、行是如何受国家经济发展影响的

续 表

教学流程		教学内容	课堂活动	教学目的
课程新授	现代经济发展状况	通过三大产业及数字经济的发展变化，让学生深入了解中国经济发展，并结合图片与视频介绍中国当代数字经济的发展	1. 教师提问：我们平时所说的三大产业是什么？学生回答：农业、工业及服务业等其他产业 2. 有序播放中国三大产业发展状况，请学生讨论并回答其发展特点 3. 教师总结：中国的第三产业已经成为中国经济增长的主要产业，目前中国第三产业的产值已经超过国内生产总值的50%，自2015年开始大力推进"互联网＋"行动计划 4. 总结移动支付的优点，并提同学生：在其他国家是否已经开始普及移动支付，是否可以见到支付宝和微信支付的图标 5. 教师提问：一般情况下，你会选择什么样的购物方式？以及其对中国人民生活的重要影响 答：网上购物 教师总结线上购物的特点，教师引导学生回答	从宏观的三大产业出发，到贴近学生生活的移动支付和线上购物等，回顾中国经济发展状况，从日常生活感受中国经济的发展速度
	中国经济与世界经济发展的联系	通过图片解读引导学生了解、认识中国经济与世界经济发展的联系	教师展示图片：印度尼西亚雅加达的雅万高铁一号隧道项目，老挝南欧江六级电站建设，越南河内轻轨二号线（吉灵－河东）项目和老街－河内－海防标准轨铁路项目，马来西亚的中马钦州产业园，马中关丹产业园等的项目，并引导询问同学生：你的国家是否还有其他与中国合作的项目	将中国经济与学生自己国家的经济发展相联系，可以激发学生从自身角度出发，思考、理解国家之间的友好关系

续表

教学流程	教学内容	课堂活动	教学目的
课程新授	中国地区经济发展 1. 图片解读：大致从一线城市、二线城市、三线或四线城市的食、住、行讲解中国不同地区经济的发展状况 2. 组织小组互动讨论：如果是你的话，你会不会选择在类似北京、上海、广州、深圳这样的城市生活、学习与工作呢	1. 讲解学生较为熟悉的城市，如北京、上海、广州和深圳 2. 教师提问：2017年，在上海、北京吃一顿饭的价格约为30元，在广州约21元，在你的国家的一线城市，吃一顿饭大约会花费多少？鼓励学生将中国一线城市的发展与自己国家的经济发展水平 3. 从房价、交通等方面对比一线城市的经济发展状况 4. 教师举例：如果在中国选择大学，你会根据城市的经济发展状况来选择吗？还是更看重专业能力呢？例如，兰州大学是一所国内顶尖的双一流大学，但是兰州的经济发展相比于一线城市来说，相对缓慢，教师引导学生分组讨论一个位于北京的普通高校相比，你会选择哪一个呢？讨论并分享 教师总结：城市经济的快速发展给人们提供了更多的实现梦想的机会，趣来越多的人才的到来，让城市拥有了源源不断的发展动力	1. 通过对中国一线城市的经济发展状况的讨论，引导学生进一步了解，结合评价中国城市经济发展现状 2. 通过课堂互动，了解学生对中国城市经济发展的掌握情况，抓住后期课程的切入点
	成都经济发展 1. 组织课程前期调研 2. 结合图片与视频，导入成都经济发展状况 主要以进口超市与农贸市场和进口超市的支付方式对比，成都与其他城市房价对比等方式进行讲解	1. 教师介绍：成都、重庆、苏州等15个城市被称为新一线城市，作为新一线城市，经济的稳定发展，宜居的城市环境以及未来发展的可能性让它们逐渐成为更多中国年轻人的选择 2. 通过视频介绍综合农贸市场并提问：视频中出现的蔬菜种类丰富多样，有没有大家经常吃的呢？大家知道这些蔬菜的价格吗？学生猜测蔬菜来农贸市场和进口超市的价格，并与自己国家的蔬菜价格做对比 3. 根据图片提问：你在成都乘坐过地铁吗？教师总结：已经修建好的地铁线路与正在修建的地铁线路四通八达，让人们的出行变得更加便利、快捷	从学生的日常生活切入，不仅能拉近教师与学生之间的距离，更能激发学生了解成都经济发展的兴趣，从而使学生更加热爱这座城市以及城市文化

七、PPT 设计展示

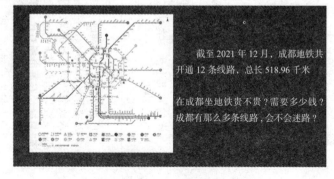

八、教学资源

本章所用视频多数属于中国－东盟艺术学院国际部教师自行拍摄的视频。除此之外，还有以下几个网络视频。

1. 外国人聊教育

https://www.bilibili.com/video/BV17E411A7Rx?p=1&share_medium=iphone&share_plat=ios&share_session_id=AE931DC8-1CE6-4EF7-B82E-45755ADFC92C&share_source=WEIXIN&share_tag=s_i&timestamp=1642693698&unique_k=496WNEQ

2. 成都地铁网络

https://www.bilibili.com/video/BV14S4y1R7pZ?p=1&share_medium=iphone&share_plat=ios&share_session_id=D6AD1CFE-67E9-422D-B94F-D7F87DB569DE&share_source=WEIXIN&share_tag=s_i&timestamp=1642693724&unique_k=ZxOvRmE

3. "双十一" 购物

https://pan.baidu.com/s/1loMaaud103YUBTvo17oupg

提取码：tbtd

九、教学感悟

（1）教师预计学生对"双十一"网购活动成交额比较感兴趣，但在课堂中发现，学生会主动将"双十一"活动与其国家的网购活动进行对比讨论，后期在讲授这部分内容时可为学生适当加入讨论环节。

（2）学生对中国经济与世界经济发展的联系比较感兴趣，在展示中老铁路等项目过程中进行了讨论，在后期的课程中可调整这部分内容的比例，适当延伸，并组织学生进行讨论交流。

（3）本章内容主要从生活视角出发，讲述中国经济的发展。教师可组织学生在综合农贸市场和进出口超市进行实地调研对比，展现现代中国城市的经济发展状况，帮助学生形成对现代中国经济发展的立体认识。

第十二章　中国的艺术

一、教学主题

本章通过视频展示、文化介绍、学生讨论等方式，主要使学生了解中国音乐、中国舞蹈与中国绘画三大传统艺术形式。通过三大传统艺术形式学习东方审美情趣，发掘中国传统文化的亮点。

二、内容分析

中国传统艺术最早起源于新石器时代，经过千年的积累与不断创造，拥有深厚的文化底蕴与内涵。

（1）中国传统音乐的划分最早见于中国艺术研究院音乐研究所编写的《民族音乐概论》，其将音乐分为五大类：歌曲、歌舞音乐、说唱音乐、器乐和戏曲。中国作为礼乐之邦，几千年历史长河中涌现出许多传统民族乐器，而由中国传统乐器演奏的中国器乐也因此拥有独特的东方魅力。笛、箫、二胡、唢呐与琵琶，作为具有代表性的三类中国传统乐器，广为人知，并被广泛学习与流传。

（2）中国戏曲剧种繁多，据不完全统计，中国各民族地区戏曲剧种约有360多种，传统剧目数以万计。地方戏剧基本以当地名称命名，其中，京剧、越剧、黄梅戏、评剧、豫剧被称为中国五大戏曲剧种。

（3）中华民族的舞蹈文化源远流长，现在提到的"中国舞"更多是中国古典舞与中国民族舞、民间舞的一个"泛称"。中国古典舞起源于中国古代，历史悠久，融合了中国武术、传统戏曲、民间杂技的动作与造型。中国民族民间舞来自56个不同的民族，创作过程受到各地地域、风俗等的影响。

（4）中国绘画是中国文化的重要组成部分，根植于民族文化土壤之中。它不单纯拘泥于外表的形似，更强调神似。它以毛笔、水墨、宣纸为特殊材料，建构了独特的透视理论，大胆而自由地打破时空限制，具有高度的概括力与想象力。这种出色的技巧与手段，不仅使中国传统绘画独具艺术魅力，而且日益为世界现代艺术所借鉴吸收。

三、学情分析

2020级汉语甲班的同学拥有多种国籍，大多数学生来自越南，还有来自老挝、塔吉克斯坦、马来西亚的同学。因为大多数学生来自东盟或与中国相邻的国家，在文化与传统上与中国是相似并且互相影响的，所以在介绍中国传统艺术时，这些国家的学生更容易产生共鸣。

四、教学目标

1. 知识与技能目标

（1）了解中国具有代表性的传统乐器、地方戏曲的表现形式，中国舞种类与特点，以及中国绘画的独特意境。

（2）继续探索并深入发掘中国传统艺术形式，思考并总结它们的特点。

2. 过程与方法目标

（1）通过教师讲授与学生互动讨论相结合的方式开展教学活动。

（2）通过赏析音乐（器乐及戏曲）与舞蹈视频，临摹绘画的方式，加强学生对中国艺术形式的理解，培养学生的兴趣。

五、教学重难点

教学重点：了解中国传统艺术分类，特别是中国音乐、中国舞蹈与中国绘画的特点与形式。

教学难点：鼓励学生继续探索并深入发掘中国传统艺术形式，思考并总结它们的特点。

六、教学设计

有关"中国的艺术"的教学设计，如表 12-1 所示。

表 12-1 "中国的艺术"教学设计

教学流程		教学内容	课堂活动	教学目的
课程导入		导入提问：提到中国艺术，你有哪些印象深刻或最喜欢的艺术形式吗	1. 教师提出互动问题，并板书学生的回答 2. 学生根据自身所了解的中国艺术形式相关知识或已预习内容进行回答	通过导入提问引起学生兴趣，并让学生主动提出自己感兴趣的艺术形式，由学生提出的艺术形式引出课程内容，为后续教学打好基础
课程新授	介绍中国传统艺术形式	中国的传统艺术形式	教师向学生简单介绍中国的传统艺术形式，并引出中国音乐、中国舞蹈与中国绘画内容	通过对中国传统艺术形式的讲解，让学生对中国传统艺术的形式有一个大体了解
	中国音乐	通过对比中国音乐与西方音乐，引入有关"五音十二律"的介绍	教师播放一段 30 秒的中国音乐与 30 秒的西方音乐，请学生做对比	
		介绍中国传统音乐分类，展示与赏析中国传统音乐器与音乐演奏	1. 教师通过 PPT 展示中国传统乐器图片，并播放由传统乐器演奏的音乐视频：笛子、箫、二胡、唢呐、琵琶 2. 学生通过认真看与体会，思考与感受中国传统音乐	利用图片、音乐、视频，结合学生对比、赏析与思考来加深其对中国传统音乐的理解。了解中国传统音乐历史悠久，种类繁多的特点，以及其传承与创新
		介绍中国戏曲种类、形式、角色、唱腔、播放与戏曲相关的两个视频	1. 教师通过 PPT 展示戏曲图片，并播放不同类型戏曲视频，介绍"生、旦、净、丑"，使学生认识不同的地方戏曲以及不同色彩的角色脸谱，回答教师提出的简单问题 2. 学生通过认真看与体会	

续　表

教学流程	教学内容	课堂活动	教学目的
课程新授	介绍舞蹈起源，引入中国舞定义	1. 教师通过解读出土文物，让学生了解中国舞蹈起源与历史发展，引入当代"中国舞"的定义 2. 学生通过教师讲解，进一步了解中国舞蹈的发展	1. 通过直观展示舞蹈视频与总结舞蹈特点，引发学生对中国舞蹈的兴趣 2. 中国民族舞视频可以与前面中国的民族这一章内容进行多方面多层次衔接，让学生温故而知新
中国舞蹈	介绍中国古典舞与四大学派，赏析舞蹈视频《相和歌》《祈》	1. 教师简单介绍中国古典舞的特点与学派，中国古典舞学派主要分为身韵学派、汉唐学派、敦煌学派、民间舞学派，并结合具体内容播放相关舞蹈视频 2. 学生通过观看视频，体会中国舞的神韵。中国舞起源于中国古代，历史悠久，融合了中国武术、传统戏曲、民间杂技的造型，特别注重表演中的动作与造型，神韵是中国古典舞的灵魂	
	介绍中国民族舞，播放傣族与藏族舞蹈视频	教师展示民族舞视频并结合舞蹈特点简单讲解：中国56个民族都有自己的舞蹈，每个民族的舞蹈都创作于不同环境，并且与各个民族的特色音乐服装相互搭配，表现形式十分丰富	
中国绘画	对比中西方绘画方式，介绍中国绘画的技法与分类	1. 教师展示中西方绘画作品，对比与讲解作画方式与概念的异同。播放作画视频，请同学试临摹 2. 中国绘画在内容视频上，体现了古人对自然、社会及与之相关联的政治、哲学、宗教、道德、文艺等方面的认知，文人创作讲究天人合一的境界	通过对比的形式，总结中西方绘画的差异，引出中方作画留白，虚实处理的独特之处，引导学生感受东方审美情趣

七、PPT 设计展示

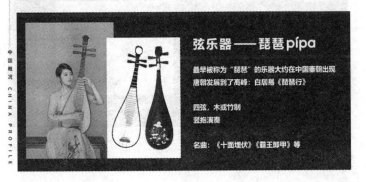

八、教学资源

本章教学资源主要来自北京语言大学出版社出版的《中国概况》，西南财经大学出版社出版的《成都印象》，中国艺术研究院音乐研究所编写的《民族音乐概论》以及河南卫视播出的《舞千年》节目。本章视频链接如下。

1. 笛演奏：《大鱼》

https://www.bilibili.com/video/BV14s41167v2?from=search&seid=16004232595961911163&spm_id_from=333.337.0.0

2. 箫演奏：《神话》

https://www.bilibili.com/video/BV1oJ411E7Ni?from=search&seid=7391467110790696967&spm_id_from=333.337.0.0

3. 唢呐演奏：《百鸟朝凤》

https://www.bilibili.com/video/BV1Ab411h7yD?from=search&seid=9683

791032830746190&spm_id_from=333.337.0.0

4. 二胡演奏：《赛马》

https://www.bilibili.com/video/BV1Yb411n7Md?from=search&seid=1099

6497527384368389&spm_id_from=333.337.0.0

5. 琵琶演奏：《十面埋伏》

https://www.bilibili.com/video/BV1vx411w7Hc?from=search&seid=4020

370468575418157&spm_id_from=333.337.0.0

6. 戏曲中的不同角色用中文怎么说

https://mp.weixin.qq.com/s/CRfkSorpEsn1I5vnfAnpwA

7. 少儿戏曲联唱

https://www.bilibili.com/video/BV1jb411z7s8?from=search&seid=1396

1766887897803571&spm_id_from=333.337.0.0

8. 盘鼓舞：《相和歌》

https://www.bilibili.com/video/BV1o7411z7RG?from=search&seid=1199

8525074051151838&spm_id_from=333.337.0.0

9. 舞蹈：《祈》

https://www.bilibili.com/video/BV1HK4y197Fn?from=search&seid=1129

3614333186965448&spm_id_from=333.337.0.0

10. 傣族舞：《彩云之南》

https://www.bilibili.com/video/BV1Vk4y127E1?from=search&seid=7309

768370126332617&spm_id_from=333.337.0.0

11. 藏族舞：《玄子》

https://www.bilibili.com/video/BV1c7411j7QR?from=search&seid=5962

777821230943408&spm_id_from=333.337.0.0

12. 中国画：《丹顶鹤》

https://v.douyin.com/LeR2LVF/

九、教学感悟

中国传统艺术形式多种多样，历史悠久，每一种艺术形式都有着丰富的历史背景与文化底蕴，因课时有限，仅能从中挑选有限的几种艺术形式对学生进行简单的讲解。于是，怎样充分利用这 90 分钟的时间来讲解中国的传统艺术，让学生在课后仍能继续思考，自主发掘探索更多的中国艺术形式、艺术故事，是本节课的重点也是难点。

中国－东盟艺术学院的学生由音乐舞蹈、影视动画以及美术设计三个学院组成，所以本次课主要的艺术主题选择了中国音乐、中国舞蹈与中国绘画。我们常说音乐无国界，因为通过欣赏与感悟，我们可以体会到音乐中的情感与故事，这对于舞蹈与绘画也是共通的。课堂上，同学们在观看了中国音乐与舞蹈的视频后积极分享自己的感悟，特别是其中一位来自马来西亚的学生，其之前就很喜欢敦煌文化，在看到《祈》所展现的敦煌元素后，在之后的课堂展示中，为大家分享了丰富的敦煌文化相关知识，更期待以后可以亲自去敦煌一探究竟。

第十三章　中国的非物质文化遗产

一、教学主题

本章主要教学主题为中国的非物质文化遗产，教师采用小组分享、讨论、欣赏、体验等多种教学方式，旨在通过对概念性知识点的传授、对国内外非物质文化遗产的分享与比较、对中国具有代表性的非物质文化遗产项目的分享及体验，展示博大精深的中国文化、激发学生深入探索中国文化的兴趣、增进学生对中国的了解，同时使学生对世界非物质文化遗产的保护与传承有更深的感悟。

二、内容分析

非物质文化遗产是各族人民世代相承的、与群众生活密切相关的各种传统文化表现形式和文化空间。非物质文化遗产既是历史发展的见证，又是珍贵的、具有重要价值的文化资源。中国是一个历史悠久的文明古国，不仅有大量的物质文化遗产，而且有丰富的非物质文化遗产。中国各族人民在长期生产生活实践中创造的丰富多彩的非物质文化遗产，是中华民族智慧与文明的结晶，是联结民族情感的纽带。对于留学生而言，理解并进一步探索中国文化是来华留学的重要目的。本章精选部分具有代表性的中国非物质文化遗产，并在教师的带领下使学生多方位理解、体验这些非物质文化遗产，有助于丰富学生对中国文化的了解。

三、学情分析

东盟国家学生在文化传承方面与中国有更多共通之处，在本课教学过程中更容易产生共鸣，从而激发学生的学习兴趣。教师在寻找示例时可重点展示我国与东盟国家相似的非物质文化遗产项目或我国与东盟国家共同申报的非物质文化遗产项目（如送王船、泰国孔剧与中国京剧等）来进行分享与对比，以吸引学生的注意，与学生达到共情，获得更佳的授课效果。

四、教学目标

（1）通过对知识点的学习，使学生理解非物质文化遗产的含义和特点，正确区分非物质文化遗产及物质文化遗产。

（2）通过小组展示，达到学生间的知识共享，相互启发，完善对非物质文化遗产的认识，引发对不同形式的非物质文化遗产的尊重，同时启发学生关注自己身边的非物质文化遗产，为自己国家及家乡的非物质文化遗产传承做贡献。

（3）通过欣赏与比较，让学生初步了解不同国家的非物质文化遗产形式。

（4）通过展示多样化的中国非物质文化遗产，激发学生对中国文化的兴趣并增强认同感。

五、教学重难点

教学重点：通过展示中国的非物质文化遗产，激发学生的学习兴趣，增强学生对中国文化的认同感。

教学难点：非物质文化遗产与物质文化遗产有时难以区分，尤其是非物质文化遗产大多以工具、实物、手工艺品及文化场所等物质形式为载体，容易混淆，需要举实例向学生进行讲解，解释某项目以物质的形式呈现出来却被划定为非物质文化遗产的原因。着重强调非物质文化遗产的"非物质性""活态流变""不依赖于物质形态而存在的品质"。

六、教学设计

有关"中国的非物质文化遗产"的教学设计，如表 13-1 所示。

表 13-1　"中国的非物质文化遗产"教学设计

教学流程		教学内容	课堂活动	教学目的
课程导入		1.师生相互问候 2.教师展示皮影戏图片	教师根据皮影戏图片提问：你知道这是什么吗？你认为图上展示的属于物质文化遗产还是非物质文化遗产呢	导入本课内容，为讲解接下来的内容做准备
课程新授	非物质文化遗产	引入非物质文化遗产概念的讲解	1.根据联合国教科文组织和《中华人民共和国非物质文化遗产法》对非物质文化遗产的定义，讲解什么是非物质文化遗产 2.以南京云锦织造视频举例，带领学生进一步深入了解非物质文化遗产的概念	了解本课内容，需要首先理解非物质文化遗产的概念，同时要与物质文化遗产相区分
	中西方非物质文化遗产对话	引导学生针对中西方非物质文化遗产展开讨论	1.教师提问：在你的国家有哪些非物质文化遗产 2.以班上学生所属的国家为例，分享几个外国非物质文化遗产项目	通过提问来鼓励学生进行信息分享，同时有利于教师掌握学生对非物质文化遗产概念的了解情况。根据学生的分享以及教师对国外非物质文化遗产项目的介绍，让学生更真切地了解自己国家的非物质文化遗产，从而强化非物质文化遗产的概念

续　表

教学流程		教学内容	课堂活动	教学目的
课程新授	中国非物质文化遗产	中国的非物质文化遗产概述	1.讨论在联合国教科文组织和《中华人民共和国非物质文化遗产法》的定义下，中国非物质文化遗产有哪些代表性的项目 2.介绍联合国非物质文化遗产名录下具有代表性的中国非物质文化遗产项目 3.通过视频、图片及文字资料，分别展示皮影戏、藏医药浴法、雕版印刷术 4.中国的非物质文化遗产保护体系及非物质文化遗产标识的内涵介绍 5.体验木活字印刷技术，并在班内讨论木活字印刷技术与雕版印刷术的区别与共同点	1.通过列举中国的非物质文化遗产项目，向学生展示中国非物质文化遗产的丰富多样性，展示中国文化的博大精深 2.选择不同类别下的非物质文化遗产项目，多方位展示，让学生在概览了中国非物质文化遗产的基础上进一步具体了解代表性项目，感知丰富多变的中国文化
课堂总结		围绕中国的非物质文化遗产展开讨论	学完本课之后，你对中国文化有什么新的感悟和认识呢？你能为自己国家和家乡的非物质文化遗产传承与延续做些什么呢	回归本课主旨，启发学生对非物质文化遗产传承以及中国文化的深思

七、PPT 设计展示

八、教学资源

本章所用教学资源来自中国非物质文化遗产网·中国非物质文化遗产数字博物馆、非物质文化遗产体验馆（如皮影戏工作室、瓷器工作室、印刷工作室）、哔哩哔哩。视频链接如下。

1. 南京云锦织造

https://b23.tv/ktr8ozz

2. 雕版印刷术

https://b23.tv/dDrFTYD

3. 藏医药浴法

https://b23.tv/1NvwMHt

4. 皮影戏

https://b23.tv/ED6KOrk

九、教学感悟

本章授课形式为体验及知识讲授相结合，体验课程有助于加深学生对知识点的掌握程度，因而在学生进入体验环节之后教师可以进一步强调重要知识点，让学生在动手中思考，在思考中完成体验。课堂的前半部分有较多的视频资料输入，观看过程中教师需要关注学生的注意力并配以适当的提问和解说，促使学生主动理解视频内容。在小组内分享自己国家的非物质文化遗产项目之前，教师要鼓励学生从多角度去寻找代表性项目，尽量在有限的分享时间内达到资源信息的最大化交流。

第十四章 天府文化

一、教学主题

本章教学主题为"天府文化"，授课时教师将采用讲授、欣赏、体验等多种教学方式。本章内容旨在通过带领学生从地理学、移民史、文物古迹、盐茶丝绸等多方面了解四川与成都，理解扎根于此的独特天府文化，从而加深其对中国的情感。

二、内容分析

天府文化是以成都平原为核心在"天府之国"发展起来的文化，是一种典型的、特殊的地域文化，它不仅包含着四川的历史地理，还展示着四川的经济人文，以及四川人的独特生活方式。对于在四川成都生活学习的留学生而言，理解并进一步探索天府文化，是助其融入本地生活，使其在异国他乡更有归属感的必修课。

三、学情分析

本班学生以东盟国家为主，东盟国家与天府之国在地缘上接近，无论是饮食、文化、气候、地理环境等方面都与成都平原有许多相似之处。学生从多维度了解天府文化的同时也有助于其通过类似的观点分析自己国家及家乡的特有文化，对文化和环境产生进一步思考。

四、教学目标

（1）通过对知识点的学习，使学生了解天府文化这一概念的主要构成元素。

（2）了解四川独特的生活习俗和文化特色，增强学生的归属感。

（3）通过对天府文化的讲解，激发学生对丰富多元的中国文化的兴趣，加强学生对中国文化的认同感。

五、教学重难点

教学重点：能清楚阐述天府文化的来源与内涵。

教学难点：对天府文化形成一定的理解，并由此对中国文化产生思考。

六、教学设计

有关"天府文化"的教学设计，如表 14-1 所示。

表 14-1　"天府文化"教学设计

教学流程		教学内容	课堂活动	教学目的
课程导入		1. 师生相互问候 2. 教师提问	教师提问：在成都生活学习了一段时间之后，当说到四川和成都时，你的第一印象是什么呢	导入本课内容，在提问中引导学生回答"天府之国"，为上课做准备
课程新授	天府文化定义	引入天府文化定义	以都江堰水利工程视频讲解"天府"的由来。天府之名得益于成都平原的优越地理位置。成都平原土地肥沃，四季分明，加之秦国李冰父子修建都江堰水利工程，治理当地水患，使得成都平原沃野千里、物产丰富	通过观看视频，有助于更好地了解"天府"的含义
	地理学视域下的天府文化	从地理学看天府文化	1. 介绍成都平原的地理位置。成都平原处于中国地理第二阶梯（过渡阶段，是第二阶梯中海拔最低的部分），青藏高原东大门，横断山东北侧，是四周封闭的盆地，有内陆海洋性气候，有河流数千条，古蜀海洋就在成都平原。成都平原特别适合植物生长，是水稻的最早种植地，物产丰富 2. 天府文化是过渡态文化、山水文化、农耕文化、内海文化	地理环境是成都平原成为天府之国的根本原因，让学生从地理学角度理解天府文化的形成原因

续　表

教学流程		教学内容	课堂活动	教学目的
课程新授	天府文化的历史	从移民史看天府文化	1. 通过视频展示成都历史上的移民潮 2. 成都自古以来就以其丰富的物产、优美的环境吸引着各方人才汇集于此，形成了独特的移民文化和移民精神 3. 成都历史上曾发生过多次大型移民运动，住民由大半个中国的移民构成，形成了冒险开拓、开放兼容的特性	移民的历史构成了天府之国包容开放的特点，是学生需要了解的天府文化的重要特征
	天府文化的历史遗迹	从文物古迹看天府文化	1. 以三星堆及金沙遗址的视频展示古蜀文化 2. 古蜀文化辉煌先进，制造业发达，具有工匠精神。三星堆、金沙遗址是中国工匠的摇篮，是中国工匠精神的发源地，是世界文化创意中心，是世界手工业制造中心	通过视频带领学生了解古蜀文化历史。文物古迹不仅展示了古蜀先进的农耕文化，各种出土的文物更是当时先进的手工制造业的体现，也印证了天府文化的多样性
	茶马古道与天府文化	从丝绸盐茶看天府文化	1. 展示茶马古道及自贡井盐的图片和文字资料，以说明成都是古代丝绸生产地和供销地，是茶马古道的起点，是食盐的重要供应地，是纸币交子的诞生地 2. 天府文化是开放的贸易文化	使学生了解开放的贸易文化是现今天府文化的重要体现。正因如此，四川成都在新时代吸引了一大批优秀的人才和企业，也是外国人选择成都作为学习生活的目的地的重要原因
	独具特色的天府文化	天府特色文化示例	1. 通过视频、图片和文字资料分别展示天府文化中的"茶文化"和"川剧文化" 茶文化：茶文化的起源以及四川人的茶馆文化 川剧文化：川剧的起源，独特的变脸技术，引导学生分析川剧不同色彩脸谱代表的人物性格 2. 通过视频展示成都人的乐观精神	对天府文化的形成有了总体概念之后再进行实例的学习，有助于加深学生对天府文化的理解
课堂总结		针对天府文化进行总结	教师总结并提问：通过本节课的学习，你对天府文化的哪一部分最感兴趣呢？原因是什么？天府文化中让你印象最深刻的一点又是什么呢	鼓励学生结合自身情况进行自主思考，并且与师生分享交流，以达到相互启发，促进对天府文化的理解和热爱的目的

七、PPT 设计展示

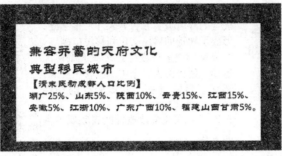

八、教学资源

本章教学资源主要来自中国－东盟艺术学院教学团队录制视频、三星堆博物馆、金沙遗址博物馆、哔哩哔哩。视频链接如下。

1. 都江堰水利工程

https://b23.tv/ZzwrBXC

2. 成都历史上的移民潮

https://b23.tv/JdPKJVM

3. 三星堆及金沙遗址

https://pan.baidu.com/s/1HCz9czpsFRKIh4tPFWWrHA

提取码：2roj

4. 茶文化

https://pan.baidu.com/s/1-WsEuQWh7L_J_4GT2ZStSQ

提取码：k6cn

5. 川剧文化

https://b23.tv/rwiFEgb

6. 乐观的成都人

https://b23.tv/AC70cHZ

九、教学感悟

课堂上会让学生观看较多的视频资料，这些资料涉及古代历史较多，有一定难度，且从多维度同时理解天府文化对学生来说也有一定难度，尤其是中文水平较低的学生，在有限的时间里较难跟随课程节奏理解地理、移民史、文物古迹等因素与天府文化的相互关系。教师在授课过程中需要进行更多的引导与解释，及时回收学生的反馈信息，并进行补充说明，以达到良好的教学效果。

第十五章　中国乡村——脱贫与乡村振兴

一、教学主题

本章内容属于中国国情教育，课堂以基本国情介绍、视频解说、调研讨论等方式使学生初步了解中国乡村的特点，以及认识中国脱贫攻坚战与乡村振兴战略的成果与进展，进一步思考中国脱贫攻坚战与乡村振兴战略带来的国际性影响与借鉴意义。

二、内容分析

乡村，居民以农业为经济活动的聚落的总称，又称农村。国内外对乡村概念的理解和划分标准不尽相同。一般认为，乡村的人口密度低，聚居规模较小，以农业生产为主要经济基础，社会结构相对较简单、类同，居民生活方式及景观上与城市有明显差别。在中国，乡村指县城以下的广大地区。

扶贫是政府帮助贫困地区加大人才开发、完善农民工人才市场，建立发展工农业企业、促进生产，摆脱贫困的一种社会工作。对贫困农村实施规划，旨在帮扶改善贫困户生活生存条件和扶助贫困地区发展生产，改变穷困面貌。中国第一次大规模扶贫开发政策的调整始于 1986 年，从上到下正式成立了专门扶贫机构，确定了开发式扶贫方针，确定了划分贫困县的标准，并划定了 273 个国家级贫困县。在此之后，国家根据实际情况，持续调整扶贫政策，2020 年 11 月 23 日，中国 832 个国家级贫困县全部脱贫"摘帽"。

2017 年，党的十九大报告指出，农业农村农民问题是关系国计民生的根本性问题，必须始终把解决好"三农"问题作为全党工作的重中之重。

本章从中国农村与贫困的定义及特点、中国脱贫攻坚战与乡村振兴战略的实际案例应用等方面入手，带领学生初步了解中国国情，并鼓励其深入思考。

三、学情分析

该班学生虽然大多数来自东盟或与中国相邻的国家，但是对中国所采取的乡村振兴战略或者脱贫攻坚战了解得非常少。因此在授课时，教师会使用较多案例展示的方式，直观显示脱贫攻坚战与乡村振兴战略的成果，同时鼓励学生根据自己国家的情况进行深入思考。

四、教学目标

1.知识与技能目标

（1）了解中国农村的定义与特点，认识脱贫攻坚战与乡村振兴战略。

（2）进一步思考中国乡村振兴战略与脱贫攻坚战带来的国际性影响与借鉴意义。

2.过程与方法目标

（1）通过教师讲授与学生调研、课堂讨论相结合的方式开展教学活动。

（2）观看、讲解中国扶贫与乡村振兴案例图片、视频，除官方的总结视频外，还采用外国人视角下的调研视频，进行多角度客观的展示。

五、教学重难点

教学重点：

（1）了解中国农村基本情况，理解贫困的定义，初步认识中国的脱贫攻坚战与乡村振兴战略。

（2）能说出自己对中国乡村振兴战略的理解。

教学难点：进一步思考中国乡村振兴战略与脱贫攻坚战带来的国际性影响与借鉴意义。

六、教学设计

有关"中国乡村——扶贫与乡村振兴"的教学设计，如表 15-1 所示。

表 15-1 "中国乡村——扶贫与乡村振兴"教学

教学流程	教学内容	课堂活动	教学目的
课程导入	1. 导入提问：你印象中的乡村是什么样的？你觉得中国的乡村是什么样的？与你们国家的一样吗？ 2. 通过图片、视频对比城市与农村，引出脱贫攻坚战与乡村振兴战略	1. 教师提出问题，学生思考并回答，教师板书学生的答案 2. 教师利用不同图片，向学生简单介绍农村的定义与中国农村的特点。同时，对比 2021 年城乡人口、经济变化数据，引出脱贫攻坚战与乡村振兴战略	1. 通过导入提问，让学生对今天的课程有一个初步印象，鼓励学生说出自己的看法，有利于加深其对后续课程的印象 2. 使学生了理解城市经济的快速发展、人口流动、农村发展相对滞后等造成了中国城乡发展的不平衡。想要继续长远发展，支持乡村的建设发展以及提高乡村人民的生活水平是非常重要的，因此中国提出了脱贫攻坚战与乡村振兴战略

续 表

教学流程		教学内容	课堂活动	教学目的
课程 新授	脱贫攻坚与乡村振兴	教师提问：在你看来，什么是贫困呢？扶贫与乡村振兴的关系是什么？	1. 教师提出问题，引发学生思考与回答，将之前贫困地区的消费情况与学生日常生活消费情况进行对比，讲解贫困的概念 2. 教师总结：扶贫侧重于农村贫困人口的物质方面，旨在受到农村低收入群体的收入；而乡村振兴战略涉及农村经济、政治、文化、社会、生态以及基层党组织建设等诸多方面，也就是说乡村振兴具有更丰富的内涵。扶贫与乡村振兴密切联系，乡村振兴实现的起点和前提是解决农村的贫困问题	通过对比的方式，能让学生深刻感受到开展脱贫攻坚战与乡村振兴战略的必要性。同时，初步理解扶贫与乡村振兴的定义并区分两个政策之间的关系，避免混淆
		1. 播放视频： 《八分钟的中国减贫奇迹》 课堂互动： 现在的中国乡村是什么样呢？ 2. 播放视频： 《发展前后的中国乡村》	1. 教师通过播放第一个视频，从宏观角度展示中国脱贫所采取的方式方法，并进行解释 2. 教师引出现在的中国乡村，并播放发展前后的对比视频	通过观看视频的方式，使学生认识现在的中国，并从宏观乡村振兴的角度体会中国振兴战略的推动与发展都是有效实行的

续　表

教学流程	教学内容	课堂活动	教学目的
课程新授　中国乡村振兴案例	播放视频：《河北滦平于营村案例》	教师播放视频，并做简要解释：建房、修路、建设幼儿园、小学、篮球场，丰富孩子们的教育成长环境；吸引更多的外出打工、学习的年轻人回乡创业（与家家户户充分利用自己的小院子，直产直销，发展庭院经济（与中国大型企业碧桂园合作，同时也利用更多科学的方法种植农作物，销售农作物，拉动村庄的农业经济	通过不同省份、不同地区的案例，以及结合可以实地探访的战旗村，从不同角度，全方位展示中国农村的发展，政策的开展以及人民生活水平的提高
	教师通过图片讲解山东省竹泉村、浙江省莫干村案例	教师展示与讲解不同优秀村庄案例并总结：在不同的省份、地区，各村都在利用自身所在地的特色大力发展经济，如山东省竹泉村就以自己古朴村生态环境和民俗文化特色打造特色旅游，浙江省莫干村背靠莫干山，主要发展民宿与文创产品	
	通过视频和图片讲解四川省战旗村案例	教师具体讲解战旗村的乡村十八坊、村民直播带货、乡村振兴人才培养几方面，并邀请学生前往战旗村进行实地考察，亲身感受其变化	
思考与行动	课堂互动：在你的国家有没有贫困地区呢？利用中国脱贫攻坚战方法能否帮助这些贫困地区 教师引导学生思考粗放扶贫与精准扶贫的区别	教师提出问题，并通过对比粗放扶贫与精准扶贫，点明中国脱贫攻坚战实行过程中曾遇到的挑战	结合成功案例与失败案例，引发学生对自家乡扶贫与乡村振兴政策的思考，进一步理解中国乡村振兴战略与脱贫攻坚战带来的国际性影响与借鉴意义

七、PPT 设计展示

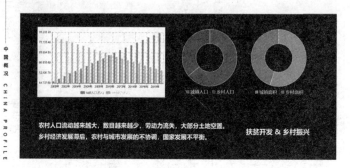

八、教学资源

本章教学资源主要来自北京语言大学出版社出版的《中国概况》，西南财经大学出版社出版的《成都印象》以及党的十九大报告。视频链接如下。

1. 八分钟的中国减贫奇迹

https://www.bilibili.com/video/BV1LA411s77i?from=search&seid=1074286627840040264&spm_id_from=333.337.0.0

2. 扶贫前后的中国农村

https://www.bilibili.com/video/BV1rz4y127Bz?from=search&seid=2348321949894306035&spm_id_from=333.337.0.0

3. 河北滦平于营村案例

https://www.bilibili.com/video/BV1tt4y1k7NM?from=search&seid=134312690915340095134&spm_id_from=333.337.0.0

4. 战旗村之变

https://mp.weixin.qq.com/s/Uxa57eUL-a-NZ1oCSDsNJg

5. 战旗村航拍全景

https://www.bilibili.com/video/BV1XN411f7bD?from=search&seid=178538215538356322551&spm_id_from=333.337.0.0

九、教学感悟

在讲解本章内容时，除了通过案例让学生简单了解中国乡村的发展轨迹与成果外，同时还需要通过这一载体引出成功造就这一结果的过程与政策：脱贫攻坚与乡村振兴。

在正式开课之前，教学组对学生做了一次问卷调查，调查显示，学生对中国国情、政策较缺乏了解，即使有一些基本的概念，也很少是与乡村及扶贫相关的，所以在讲解这一章内容时，学生讨论的积极性相对较低，和教师互动较少，更多的是在认真听。课堂中，教师用对比的方式讲解贫困县的概念时，让学生更清晰地理解了贫困的概念，引发了相对积极的课堂讨论。在后面结束乡村发展案例的讲解后，学生虽然感受到了中国脱贫攻坚战带来的发展优势，但是因为缺乏课前的相关预习或对自己国家类似政策的了解较少，无法直接结合自己国家的情况来思考。

参考文献

[1] 郭鹏，程龙，姜西良. 中国概况 [M]. 北京：高等教育出版社，2011.

[2] 宁继鸣. 中国概况 [M]. 北京：北京语言大学出版社，2013.

[3] 彭爱民. 中国文化概论：汉英对照 [M]. 广州：暨南大学出版社，2014.

[4] 习近平. 决胜全面建成小康社会夺取新时代中国特色社会主义伟大胜利：在中国共产党第十九次全国代表大会上的报告 [M]. 北京：人民出版社，2017.

[5] 西南财经大学汉语国际推广成都基地. 成都印象 [M]. 成都：西南财经大学出版社，2018.

[6] 余慧芬. 中国传统文化概论 [M]. 广州：暨南大学出版社，2007.

[7] 中国艺术研究院音乐研究所. 民族音乐概论 [M]. 北京：人民音乐出版社，2001.

附　录

附录一　　"年轻人的婚恋观"调查问卷

1. 你觉得你会结婚吗？

A. 会结婚　B. 不会结婚　C. 不确定

2. 你觉得结婚的目的是什么？

A. 提高生活质量　B. 生儿育女　C. 有人陪伴　D. 相爱　E. 其他

3. 你觉得结婚的最佳年龄是多大？

A. 18～24岁　B. 25～30岁　C. 30～40岁　D. 40岁以上

4. 你选择伴侣需要考虑哪些方面？（可多选）

A. 职业　B. 学历　C. 收入　D. 人品　E. 性格　F. 外貌

G. 家庭背景　H. 地域

5. 你能接受的和另一半的年龄范围是多大？

A. 0～4岁　B. 4～8岁　C. 8～15岁　D. 15岁以上

6. 一段恋爱关系里，你觉得什么最重要？

A. 相爱　B. 信任　C. 陪伴　D. 尊重　E. 金钱　F. 其他

7. 你认为恋爱多久可以结婚？

A. 1～2年　　　　　　B. 2～5年

C. 比1～2年更早　　　D. 说不准，根据实际情况

8. 你觉得可以生育几个孩子？

A. 1个　B. 2个　C. 3个　D. 3个以上　E. 可以不生育

9. 你对单身是如何看待的？

A. 喜欢单身　B. 害怕单身　C. 讨厌单身　D. 其他

附录二 多媒体软件资源一览表

序号	平台名称	简介	所在章节
1	中国政府网	中国政府网由国务院办公厅主办，中国政府网运行中心负责运行维护，是国务院和国务院各部门，以及各省、自治区、直辖市人民政府在国际互联网上发布政府信息和提供在线服务的综合平台	第一章
2	中华人民共和国自然资源部	中华人民共和国自然资源部的主要职责包括履行全民所有土地、矿产、森林、草原、湿地、水、海洋等自然资源资产所有者职责和所有国土空间用途管制职责	第二章
3	中国非物质文化遗产网·中国非物质文化遗产数字博物馆	中国非物质文化遗产网·中国非物质文化遗产数字博物馆是由中华人民共和国文化和旅游部主管，中国艺术研究院主办的公益性非物质文化遗产保护专业网站，促进中国非物质文化遗产保护	第十三章
4	百度	百度是全球最大的中文搜索引擎，为用户提供全面的信息，其内容囊括视频、图片、文本等	第一章、第四至十五章
5	哔哩哔哩	哔哩哔哩，是一个致力内容创作与分享的视频网站，同时也是中国年轻世代高度聚集的文化社区和视频平台	第四章、第六章、第十至十五章
6	优酷	优酷网为一款兼具版权、合制、自制、用户生成内容、专业生成内容及直播等多种内容形态的视频平台，为用户提供全面的视频信息	第二章

序号	平台名称	简介	所在章节
7	好看视频	好看视频是一款为用户提供海量优质短视频的专业聚合平台，短视频全方位覆盖美食、文化、旅游等相关内容	第一章、第六章
8	抖音	抖音是一款自媒体短视频分享平台，其支持各个行业的优质内容供给者为抖音提供内容	第一章、第二章、第十二章
9	小红书	小红书是一个自媒体生活方式分享平台，其内容多为用户通过文字、图片、视频笔记进行的分享，记录年轻人的正能量和美好生活	第四章、第九章
10	微信	微信是腾讯公司推出的一个为智能终端提供即时通信服务的免费应用程序，微信支持跨通信运营商、跨操作系统平台、通过网络快速发送语音短信、视频、图片和文字等，同时，也可以使用通过共享流媒体内容的资料，并提供"朋友圈""公众号"等服务插件	第十二章、第十五章